Dagmar Kamm

The early bird catches the worm

Englisch im Kindergarten

Don Bosco

Die Deutsche Bibliothek – CIP-Einheitsaufnahme

Ein Titeldatensatz für diese Publikation
ist bei Der Deutschen Bibliothek erhältlich.

1. Auflage 2001 / ISBN 3-7698-1274-3
© 2001 Don Bosco Verlag, München
Umschlag: Michael Brandel
Umschlagfoto und Illustrationen: Peter Kamm
Notensatz: Nikolaus Veeser
Satz: Fotosatz Miehle
Gesamtherstellung: Druckerei Gebr. Bremberger, München

Gedruckt auf umweltfreundlichem Papier

Inhalt

Vorwort   8

Fremdsprachenbegegnung in der Kindertagesstätte

Englisch – fremd und doch so vertraut	9
Größtmöglicher Sprachinput durch Einsprachigkeit	10
Einsatz von Medien und Körpersprache	11
The early bird catches the worm	11
Personelle Voraussetzungen	12
Gruppenzusammensetzung und räumliche Voraussetzungen	14
Zeitlicher Rahmen für die Englischeinheiten	15
Elterninformationsabend mit der Fremdsprachenfachkraft	16
Tipps zu Beschaffungsmöglichkeiten authentischer Materialien	17

Praktische Umsetzung

Tipps für den Einstieg	19
Materialliste	21
Medium Handpuppe	22
Erarbeitung von Liedern	23
Einsatz authentischer Kinderbücher	24
Vorschlag für den Ablauf der ersten Englischeinheit	26

Inhalt

Autumn 31
    Five little leaves 32
    Incy wincy spider 34
    Incy-wincy-spider-Song 36
    Rain, rain, go away 36
    There's thunder 37
Halloween 37
    Trick or treat 38
    Pumpkin-banana-drink 39
    The witch's house 39
    Medien zu Halloween 41

Winter 42
    The Snowman 43
    My Snowman 43
    Story Telling: Hansel and Gretel 44
Christmas 48
    Twinkle, twinkle, little star 48
    Christmas cards 49
    The chimney 51
    We wish you a merry Christmas 52
    Christmas is coming 53
    Basteln zu Christmas 53
    Buchvorschlag zum Winter 54

Spring 55
    The cherry tree 56
    Teddy Bear 57
    Who is that? 57

Inhalt

Easter	58
Hot cross buns	59
Chook, chook	60
Little bunny	60
Easter bunny	61
Memory Game	62
Bücher zu Ostern	63

Summer 64
  The Okey Cokey 65
  Hickory, Dickory, Dock 67
Sommerspiele fürs Freie 69
  Head, shoulders, knees and toes 70
  Duck Duck goose 71
  Green light – Red light 72
  Spud 74
  Red Rover 75
  Bubble Gum 76

Anhang

Liste englischer Vornamen	77
Einladungsschreiben zum Elterninformationsabend	82
Anmeldeformular Frühförderung Englisch für Kindergartenkinder	83
Durchs Jahr: ein Grundwortschatz	84
Erprobte Englischmaterialien	87

Vorwort

Dieses Buch richtet sich an alle Erzieherinnen und Erzieher, die sich in Eigenregie auf den interkulturellen Lernprozess einlassen wollen und somit den Kindern die Chance geben, spielerisch eine zweite Sprache zu erwerben ohne hart dafür arbeiten und pauken zu müssen. In der heutigen Zeit genügt es schon lange nicht mehr zwei Sprachen zu können. Wichtig ist, dass man offen für Neues, Fremdes ist und lernt, dieses schnell zu verinnerlichen. Ich beschränke mich in diesem Werk auf die Fremdsprache Englisch, hoffe jedoch, dass Sie die methodischen Tipps und didaktischen Überlegungen leicht auf die von Ihnen auserwählte Fremdsprache übertragen können. Wissenschaftler streiten darüber, welches die optimale Zweitsprache sei. Ich bin der Meinung, dass man mit der beginnen sollte, die man selbst beherrscht, bzw. noch besser für die man einen Muttersprachler als Fachkraft einsetzen kann. Voraussetzung ist wie so oft, dass mit viel Engagement und Freude gearbeitet wird, dann wird das Unternehmen „Englisch im Kindergarten" sicher ein großer Erfolg.

Bestimmt werden Sie mir schon bald zustimmen, dass es eine wahre Freude ist zu sehen, wie die Kinder spielerisch und ganz nebenbei eine zweite Sprache erwerben und bereits in so jungen Jahren Parallelen und Unterschiede zu ihrer Muttersprache finden. Ganz neidisch werden Sie die Kleinen ansehen und sich wünschen, sie selbst hätten bereits in diesem Alter eine zweite Sprache ohne Mühe und viel Paukerei erwerben können.

Dagmar Kamm

Fremdsprachenbegegnung in der Kindertagesstätte

Englisch – fremd und doch so vertraut

Es ist nicht wichtig, mit welcher Sprache die Frühförderung begonnen wird, es ist bedeutsam, dass es sich um eine Sprache handelt, die von Ihnen oder Ihren Mitarbeiterinnen beherrscht wird. Das Englische bietet natürlich den Vorteil, dass die Kinder Wörter wiedererkennen, die sie bisher als deutsche Wörter empfanden, da so viele Anglizismen in unsere Sprache übergegangen sind. (*mountainbike, rollerblades, computer, jeans, hot pants, leggings* ... Achtung! Handy ist kein englisches Wort, es heißt auf Englisch *mobile*.)

Außerdem bietet diese Sprache einen weiteren wichtigen Vorteil: Wir können sie ohne große Mühe täglich hören, sei es im Radio – wie hoch ist eigentlich der Anteil deutscher Musiktexte noch? – oder im Fernsehen. Auch englische Kinderlieder oder Kinderbücher sind leicht zu beschaffen (➔ dazu mehr im Anhang).

Nehmen wir uns ein Beispiel an zweisprachig erzogenen Kindern. Wie lernen diese eigentlich zwei Sprachen auf einmal? Es gibt sicherlich keinerlei Übersetzungsstunden, da das Kind manche Wörter weder in der einen noch in der anderen Sprache beherrscht, son-

dern es wird konsequent von jedem Elternteil eine Sprache gesprochen, d.h. dass das Kind ein Sprachbad nimmt, so viel Sprache wie möglich hört, um diese alsbald zu immitieren. Die Mutter hält das Stofftier hoch und sagt ständig Affe und der Vater hält es hoch und sagt *monkey*.

Daran sollten wir uns ein Beispiel nehmen und zwei Dinge für die Englischstunden im Kindergarten beachten:

Größtmöglicher Sprachinput durch Einsprachigkeit

Einsprachigkeit konsequent durchzuhalten ist keinerlei Problem, wenn eine Fachkraft von außen kommt, die im Kindergarten nur Englisch spricht, oder wenn Sie als Erieherin in einer Englischecke (➔ siehe mehr dazu S. 14) mit einer Handpuppe beginnen, die nur Englisch sprechen kann. Wenn Sie als nicht Muttersprachler arbeiten, ist es ganz wichtig Tonträger einzusetzen, die von *native speakern* besprochen bzw. besungen wurden. Hier noch ein Tipp für die Praxis: Erwerben Sie wenn möglich alles auf CD, so bleibt Ihnen nämlich das lästige Vor- und Zurückspulen der Kassetten erspart.

Machen Sie bitte nicht den Fehler und beginnen in der ersten Stunde alles Gesagte zu übersetzen, weil die Kinder sonst versuchen, wörtlich zu übersetzen und scheitern, wenn sie ein Wort nicht wissen. Ihre Kinder sollen von Anfang an lernen, dass es nicht wichtig ist jedes Wort zu übersetzen, sondern dass es ausreicht, den Kontext zu verstehen. Die Praxis zeigt, dass die Kinder alles, was in der Fremdsprache gesprochen wird, bestens verstehen, sobald es durch Gegenstände, Bilder, Mimik und Gestik unterstützt wird.

Einsatz von Medien und Körpersprache

Wie in Ihrem sonstigen Alltag im Kindergarten auch, bedarf es in den Englischstunden besonders viel Anschauungsmaterials. Wenn Sie von verschiedenen Fahrzeugen reden, ist es ganz klar, dass Sie diese als Spielzeug oder als Abbildungen dabei haben. Bei manchen Themen ist es besonders spannend und lehrreich für die Kinder, wenn Sie authentisches Material zur Hand haben. Denken Sie daran, alle Verwandten und Bekannten mit einer Einkaufsliste zu versehen, bevor sie in den Urlaub in englischsprechende Länder fahren. Sie können brauchen:

- Münzen und Geldscheine
- Speisekarten und Tabletts der unterschiedlichsten (Fast Food-)Restaurants
- Flaggen
- Kinderbücher
- CD's
- Videos
- Spiele
- Süßigkeiten

Mimik und Gestik erleichtern nicht nur das Verstehen, sondern tragen auch dazu bei, dass die Kinder gespannt und aufmerksam zuhören.

The early bird catches the worm

Kindergartenkinder sind interessiert, offen und imitieren ungehemmt. Anders als ältere Kinder haben sie keinerlei Scheu zu sprechen, nehmen Neues sehr interessiert und rasch auf und lernen spielerisch über Reime und Lieder. Sie behalten das Erlernte schnell und ohne Mühe. Sie spielen mit der Sprache, mixen die wenigen englischen Wörter der ersten Stunden mit ein bisschen Deutsch und können so perfekt kommunizieren. ("*Open the* Fenster, *please!*") Dieses unge-

Fremdsprachenbegegnung in der Kindertagesstätte

hemmte Imitationsalter müssen wir nutzen, um den Kindern die Möglichkeit zu geben, spielerisch und nebenbei eine Fremdsprache zu erwerben. Die Kinder haben zwar eine rasche Auffassungsgabe, vergessen jedoch sehr schnell, was nicht in kurzen Abständen immer wieder wiederholt wird. Falls eine Fachkraft von außen die Englischeinheit übernimmt, sollten Sie sich bestimmte Lieder und Reime beibringen lassen und gemeinsam mit den Kindern in den Tagesrhythmus einbauen. Lassen Sie zwischendurch auch mal eine CD mit englischen Liedern ganz nebenbei laufen, um den sprachlichen input zu erhöhen. Bewährt hat sich, dass die Eltern auch die CD mit den bekannten Liedern und Reimen für Zuhause erwerben, so dass sich der Sprachinput für die Kinder nochmals erhöht.

Wichtig ist auch, dass Sie den Altersunterschied der teilnehmenden Kinder in Ihrer Englischgruppe nicht zu weit streuen, da die 3-Jährigen schneller ermüden und anderer Arbeitstechniken bedürfen, als 5- bis 6-Jährige. Wenn Sie die Gruppen mischen, sollten Sie unbedingt differenzieren und zwischendurch in Kleingruppen arbeiten lassen (z.B. Die Kleineren spielen ein englisches Memory, während die Älteren auf einem vorbereiteten Blatt Dinge anmalen, die genannt werden).

Personelle Voraussetzungen

Machen Sie bitte nicht den Fehler und drängen eine Kollegin oder einen Kollegen dazu, die Spracheinheiten zu übernehmen. Auch wenn sie oder er Abitur in Englisch gemacht haben, heißt das noch lange nicht, dass sie sich in der Lage fühlen, frei Englisch zu sprechen, eigenständig Sätze zu formulieren, Alltagsfloskeln ins Englische zu übersetzen – wissen Sie was Guten Appetit auf Englisch heißt? Richtig, *enjoy your meal*, jetzt bin ich aber beeindruckt! – und als gutes Sprachvorbild zu dienen. Sie selbst sind der Produzent der

Sprache, die von den Kindern nachgeahmt wird. Es muss jemand gefunden werden, der sich mit der englischen Sprache sehr wohl fühlt, weil er oder sie vielleicht längere Zeit im Ausland gelebt hat. Optimal ist natürlich ein Muttersprachler. Hören Sie sich doch einmal bei den Eltern um, vielleicht findet sich dort eine kinderfreundliche, pädagogisch ausgebildete Person. Jedoch möchte ich davor warnen irgendwelche Leute einzusetzen, nur weil Englisch ihre Muttersprache ist. Es bedarf auch des großen Gefühls für Sprachvermittlung und viel Erfahrung im Umgang mit Kindern, ganz zu schweigen von Rhythmisierungsgefühl und pädagogischem Geschick.

Jemand aus dem eigenen Haus bietet den großen Vorteil, dass man sich nicht an feste Zeiten bzw. Tage für Englisch halten muss. Man kann einfach zwischendurch wieder eine kurze Englischphase einschieben, z.B. ein schönes englisches Kinderbuch lesen. Viele kurze Fremdsprachaktionen gewährleisten, dass die neue Sprache ständig ins Gedächtnis zurückgerufen wird und somit die Vergessensrate gesenkt wird. Die tägliche kurze Begegnung mit der Fremdsprache ermöglicht ein Vertrautwerden, das bei einer einmal pro Woche stattfindenden Fremdspracheneinheit nicht möglich ist.

Jemand von außen hingegen bietet den Vorteil, dass die Kinder die Einsprachigkeit sehr viel leichter akzeptieren können, weil sie wissen, dass derjenige nur Englisch spricht.

Aber bitte bedenken Sie: Sobald eine Fachkraft von außen die Englischeinheiten übernimmt, muss unbedingt eine Diensthaftpflichtversicherung für sie abgeschlossen werden, um zu gewährleisten, dass die Kinder bei einem eventuellen Unfall versichert sind.

Besonders bei einem Nichtmuttersprachler ist es wichtig, dass man Tonträger mit authentischen Texten verwendet, dass die Kinder so oft wie möglich die optimale Aussprache und Intonation hören, damit sich nicht gleich typische Aussprachefehler einschleichen. Tonträger finden Sie entweder bei den Schulbuchverlagen oder im Land selbst. (➔ Hilfestellung siehe Materialbeschaffungsliste S. 87)

Fremdsprachenbegegnung in der Kindertagesstätte

Gruppenzusammensetzung und räumliche Voraussetzungen

Natürlich ist Fremdprachenunterricht durch Außenstehende auch eine Kostenfrage, da ausgebildete Sprachdozenten ihren Preis verlangen. Viele Eltern sind aber gerne bereit diese Kosten zu übernehmen. Achten Sie bitte unbedingt auf eine möglichst kleine Gruppenstärke, maximal 7-10 Kinder pro Gruppe, damit gewährleistet ist, dass Sie auf die persönlichen Bedürfnisse eines jeden eingehen können. Bezüglich des Alters der Kinder sind meine persönlichen Erfahrungen die, dass schon die Kleinsten Spaß daran haben, Englisch zu lernen, man jedoch die Kinder nicht mit zu viel Neuem überfordern sollte. Die 3-jährigen müssen sich erst einmal an die neue Umgebung und die neuen Menschen in der Kindertagesstätte gewöhnen und sollten somit frühestens ein paar Monate nach Eintritt in die Kita eine Englischgruppe besuchen. Wichtig ist auch, dass Sie den Altersunterschied nicht zu breit fächern, da Kinder unterschiedlichen Alters unterschiedliche Lernvoraussetzungen haben.

Sie sollten mit dieser Gruppe ungestört in einem eigenen Raum sein. Ideal wäre natürlich, wenn Sie dort eine Englischecke einrichten könnten, die Platz bietet für Landkarten und Postkarten englischsprachiger Länder, für englische Bilderbücher und Spiele, die sich im Laufe der Zeit ansammeln, für CD's, Videos, ... und natürlich die Handpuppe, die nur Englisch spricht. Denn es genügt nicht ab und zu eine Englischeinheit einzuwerfen, es muss das Englische ein täglicher Begleiter werden, z.B. durch ein englisches Tischgebet vor dem Mittagessen, eine kleine Vorleserunde eines bereits bekannten englischen Kinderbuches zwischendurch mit nur ein paar Kindern der Gruppe oder einem englischen Lied während des Ausflugs.

Zeitlicher Rahmen für die Englischeinheiten

Die Erfahrung zeigt, dass die Konzentrationsleistung der Kinder noch relativ gering ist. Wenn Sie sich dafür entscheiden, mit einer Englischfachkraft von außen zu arbeiten, müssen Sie einen festen Wochentag und eine feste Uhrzeit vereinbaren. Da die Kinder sehr schnell wieder vergessen, würden sich zwei Tage in der Woche anbieten. Für eine Englischfachkraft ist das dann rentabel, wenn Sie mehrere Gruppen hintereinander anbieten können. Maximal 40 Minuteneinheiten können die Kinder gut mitmachen, wenn Sie an eine optimale Rhythmisierung denken, d.h. einen ständigen Wechsel der Arbeitsform einplanen.

Denken Sie bitte auch stets an den Bewegungsdrang der Kinder, es gibt wunderschöne Tänze und Bewegungsspiele aus England und USA (➔ siehe Praxisteil S. 64).

Wenn Sie selbst oder jemand aus dem Haus die Englischeinheiten übernimmt, dann bieten sich tägliche kurze Englischphasen an, deren Anfang durch ein bestimmtes Ritual für die Kinder offensichtlich sein sollte. Zum Beispiel durch den gemeinsamen Marsch in die Englischecke, wo die Handpuppe die Kinder alle einzeln auf Englisch begrüßt. Wünschenswert wäre auch, dass Sie mit den Kindern gemeinsam ein englisches Tischverslein sprechen oder, falls Mittagsruhephasen gehalten werden, ein Gutenachtsprüchlein.

In den Kindern wächst die Aufmerksamkeit für die Fremdsprache, deshalb fragen sie immer öfter nach, was bestimmte Dinge auf Englisch heißen, z.B. wenn sie Schnecken im Garten entdecken und sie gerade die englischen Begriffe einiger Tiere gelernt haben. Dies geschieht bereits sehr bald und sollte auf keinen Fall gebremst werden.

Fremdsprachenbegegnung in der Kindertagesstätte

Elterninformationsabend mit der Fremdsprachenfachkraft

Wenn Sie planen, in Ihrem Kindergarten Englisch anzubieten, sollten Sie unbedingt einen Elterninformationsabend abhalten, um die Interessenslage abzuklären und um zu hohe Erwartungshaltungen der Eltern zu bremsen. Die Kinder werden nicht als perfekt englischsprechende Kinder den Kindergarten verlassen. Es geht darum, die Freude am Fremden, Neuen zu wecken. Ebenso sollen die Kinder so viel wie möglich über andere Kulturen erfahren, mit Sprache spielen, ungehemmt sprechen und imitieren und Spaß daran haben etwas Neues zu erkunden.

Wenn die eventuelle Kostenfrage und die personelle Lage geklärt sind, geben Sie den Kindern ein Einladungsschreiben zu einem Informationsabend mit (➜ Eine vorgefertigte Kopiervorlage finden Sie auf der Seite 82). Denken Sie an diesem Abend an die Klärung folgender Punkte:

- Englischfrüherziehung – Ziele und Wege.
- Kurzes Beispiel eines „Sprachbades" für die Eltern (z.B. gemeinsames Singen des Bewegungsliedes *"Head, shoulders, knees and toes"*, ➜ S. 70). Ideal wäre, wenn die Englischkraft diesen Teil persönlich übernehmen und sich dabei gleich vorstellen würde.
- Klärung der Kosten und des Zeitfaktors.
- Bekanntgabe des verwendeten Materials und eventuell gleich Verkauf des verwendeten Lied- und Textmaterials für weitere „Sprachbäder" zu Hause.
- Planung eines gemeinsamen *"cultural event"*, Lieder, Tänze und Speisen aus englischsprachigen Ländern (z.B. gemeinsames Backen von *muffins* oder *short bread*; Zubereiten typischen

englischen Tees für die Eltern (*white tea = black tea with milk*), die Kindergartenkinder, die schon an den Englischeinheiten teilgenommen haben, bringen den Eltern die gelernten Lieder, Reime, Spiele und Tänze bei, …).

- Hilfestellung bei der Materialbeschaffung, evtl. auch Elternspenden für englische Kinderbücher, die dann allen Kindern zur Verfügung gestellt werden.
- Evtl. bereits jetzt Austeilen von Lied- und Reimtexten an die Eltern, welche im Laufe der nächsten Wochen gelernt werden.
- Evtl. Klärung der Namensgebung (➔ S. 70), falls Sie sich dafür entscheiden, den Kindern englische Namen zu geben.

Beschaffungsmöglichkeiten authentischer Materialien

Authentische Materialien sind solche, die nicht didaktisch aufbereitet wurden, sondern in ihrer Ursprungsform so im englischsprachigen Raum verwendet werden, d.h. Reime, Lieder, Märchen, Geschichten usw., die die englischsprechenden Kinder kennen. Der angenehmste Weg der Beschaffung ist eine Urlaubsreise in ein englischsprechendes Land. Dort bummeln Sie durch Buchhandlungen auf der Suche nach englischen Kinderbüchern (➔ eine Liste bereits von mir eingesetzter Bücher finden Sie auf S. 87), Liederkassetten bzw. -CDs, Büchern mit Kinderreimen (*nursery rhymes*), Spielen u.Ä.

Erwerben Sie unbedingt Stadtpläne und Postkarten bekannter großer Orte, die Sie dann in die Landkarte von England oder USA heften können. Eine Flagge des entsprechenden Landes wäre auch sehr schön. Denken Sie daran zur Bank zu gehen und einige Rollen der kleinsten Landeswährung, in England z.B. pennies, zu holen, damit Sie jedem Kind Ihrer Gruppe eine Münze aus einem englisch-

sprachigen Land schenken können. In USA gibt es hervorragend ausgestattete Teacher's Shops und in England so genannte Early Learning Centres, die eine große Auswahl an kindgerechten Materialien bieten. Falls Ihnen für diese Reise momentan das nötige Kleingeld oder die Zeit fehlt, sollten Sie entweder Bekannten oder Verwandten eine Einkaufsliste mit in den Urlaub geben oder Kinderbücher zum Beispiel einfach über das Internet bestellen. Falls Sie dringend auf der Suche nach englischen Kinderliedern und Reimen sind, wenden Sie sich an die großen Schulbuchverlage. Besonders viel Auswahl finden Sie momentan im Bereich Englisch für die Grundschule. Hinterfragen Sie das Gefundene aber immer genau auf seine Brauchbarkeit für den Kindergartenbereich.

Praktische Umsetzung

Sobald die organisatorischen Fragen geklärt sind, können Sie sich auf den Einsatz der Fremdsprache in Ihrer Kindertagesstätte konzentrieren. Im folgenden Kapitel erhalten Sie Anregungen für die Gestaltung der ersten Fremdspracheneinheiten, allgemeine Erläuterungen zum Einsatz von authentischem Lied- und Textmaterial und einige jahreszeitlich geordnete Beispiele mit genauen sprachlichen Hilfestellungen, die Ihnen den einsprachigen Einstieg erleichtern.

Tipps für den Einstieg

Wie bereits erwähnt, ist der Idealfall der, dass Sie selbst die Englischeinheiten übernehmen und diese so frei über den Tag verteilen können. Die Fremdsprache wird ein ständiger Begleiter und das Gedächtnis der Kinder immer wieder aufgefrischt. Singen Sie z.B. zwischendurch ein englisches Lied oder spielen Sie ein englisches Spiel mit den Kindern. Wichtig ist ein bestimmtes Zeichen, mit dem Sie ankündigen, dass nun die Sprache gewechselt wird. Dies kann

Praktische Umsetzung

eine Glocke, ein Dreiklang, ein Poster, das aufgehängt wird, eine Handpuppe, die aus der Kiste kommt, ein bestimmtes Lied o.Ä. sein.

Für die Kinder ist es ganz besonders spannend, mit etwas Fremdem vertraut zu werden, das bisher nur den „Großen" zugängig war. Lassen Sie die Kinder in eine andere Rolle schlüpfen, indem Sie ihnen englische Namen geben. Die Kleinen finden dies besonders aufregend und spannend und für Sie bietet es den Vorteil, dass Ihr englischer Sprachfluss nicht gestört wird. Es ist einfach schwierig zu sagen: *"You've got a monkey*, Gerhard". Allerdings hat sich in der Praxis auch gezeigt, dass die 3-Jährigen den neuen Namen ablehnten, hingegen die Vorschulkinder ganz begeistert davon waren.

Hier noch ein Tipp für Sie, falls Sie mehrere Englischgruppen betreuen: Geben Sie den Kindern englische Vornamen, indem Sie den Anfangsbuchstaben des deutschen Namens verwenden und einen englischen Namen suchen, der mit diesem Buchstaben beginnt. Ich würde davon abraten, übersetzbare Namen, wie z.B. Peter direkt zu übernehmen, da doch alle Kinder einen neuen Namen bekommen sollen. Erklären Sie den Kindern jedoch Ihre Vorgehensweise. (➜ Im Anhang auf der Seite 77 finden Sie eine Liste mit englischen Vornamen für Jungen und Mädchen.) Schneiden Sie nun eine Tierform aus Tonpapier aus, auf die Sie die englischen Namen in großen Druckbuchstaben schreiben, darunter ganz klein den deutschen Namen. Für den Fall, dass Sie mehrere Gruppen betreuen, können Sie diese anhand der unterschiedlichen Tierformen ganz einfach unterscheiden (*the ducks, the elephants, the fish, the mice…*). Binden Sie einen Wollfaden an die Tiere, damit Sie diese den Kindern umhängen können und so immer die englischen Namen parat haben.

Bereiten Sie ebenso für jedes Kind eine eigene Mappe vor, in die später Lieder, Zeichnungen usw. eingeheftet werden. Wenn Sie in Ihrem Raum eine eigene Englischecke einrichten, in der Landkarten von englischsprachigen Ländern, Poster, Postkarten o.Ä aufhängen, sollte dort auch eine Dose oder ein Glas stehen, das mit einem Auf-

kleber mit der Aufschrift "*Gummibears*" versehen ist. So können die Kinder z.B. jeweils am Ende einer Englischeinheit je ein Gummibärchen auswählen und dann sagen: "*My gummibear is green.*" oder "*My gummibear is red.*" Jeder hält sein Bärchen fest in der Hand bis alle versorgt sind und hört genau zu, welche Farbe sich die anderen auswählen. Am Schluss halten alle ihr Gummibärchen hoch und wünschen sich auf Englisch einen guten Appetit: "*Enjoy your meal.*"

In der Englischecke sammeln Sie später all Ihre englischen Kinderbücher, Videos, Spiele usw. und dort können die Kinder sich jederzeit zu einem Spiel treffen. Ich bewahre dort auch immer eine Handpuppe auf, die während der Englischeinheiten mein englischer Gesprächspartner ist. Eine ganz tolle Erfahrung für mich war es zu beobachten, dass ein Kind sich diese schnappte, ganz vorsichtig mit der Hand hineinschlüpfte und ein anderes Kind auf Englisch ansprach. Ohne weitere Erklärung von mir hatten die Kinder anscheinend begriffen, dass diese Handpuppe nur die englische Sprache beherrscht.

Zur Wiederholung neu gelernter Wörter können Sie diese als Gegenstände in ein Säckchen stecken, die Kinder hineinfassen und nach kräftigem Fühlen erraten lassen, was sie gerade in der Hand halten.

Materialliste

- englische Namenskärtchen z.B. in Tierform aus Tonpapier zum Umhängen
- Sammelmappe für jedes Kind (Verwenden Sie unterschiedliche Farben oder Aufkleber, so dass die Kinder ihre Mappe selbst finden können)
- Postkarten, Landkarten, englisches Geld usw. zum Vorzeigen und Schmücken der Englischecke

Praktische Umsetzung

Dose oder Glas für Gummibärchen
Handpuppe (möglichst mit beweglichem Schnabel, der evtl. auch quietschen kann)
englische Kinderbücher, Videos, Kassetten oder CDs
CD-Player, Musikinstrumente
Spielsachen, Stofftiere, Bilder
Kinderscheren, Klebstoff, Holzfarbstifte

Medium Handpuppe

Auch wenn Sie sicherlich an den Umgang mit Handpuppen gewöhnt sind, möchte ich an dieser Stelle noch ein paar wichtige Punkte dazu ansprechen. Wählen Sie für die Englischphasen eine eigene Handpuppe aus, die von Anfang an nur Englisch spricht. Sehr viel Spaß macht es den Kindern auch, der englischen Handpuppe später Deutsch beizubringen. Ganz besonders geeignet finde ich Handpuppen, die Geräusche von sich geben können, wenn man ihren Mund bewegt. So spitzt jedes Kind gleich die Ohren und weiß, wann die Handpuppe zu sprechen beginnt. Manche Verlage bieten auch zu den Handpuppen noch entsprechende Stempel mit dem gleichen Motiv an, mit denen Sie dann die Liedblätter der Kinder oder deren Mappen und Namensschilder versehen können.

Die Handpuppe dient an erster Stelle dazu, dass Sie einen englischen Gesprächspartner haben und so neue Dialoge vorspielen können. Außerdem kann diese mit den Kindern sprechen und sie genau befragen. Geben Sie auch der Handpuppe einen englischen Namen und setzen Sie diese häufig ein. Die Kinder werden Sie sicherlich daran erinnern, wenn Sie die Puppe vergessen.

Praktische Umsetzung

Wenn Sie die Handpuppe ablegen wollen, setzen Sie sie doch auf eine leere Flasche oder legen Sie sie in ihr Köfferchen oder ihr Bettchen.

Lassen Sie später die Kinder selbst in die Handpuppe hineinschlüpfen, wenn sie dazu Lust haben. Es gibt aber auch manche Kinder, die sich damit einfach noch ein wenig unsicher fühlen und lieber nicht mit der Puppe spielen möchten.

Erarbeitung von Liedern

Wie bereits erwähnt, sollten Sie unbedingt darauf achten authentische Lieder zu verwenden. Diese werden mit der Abkürzung „trad." (traditional) in den Büchern gekennzeichnet. Falls Sie sich selbst nicht zutrauen, die Lieder ohne Hilfe zu lernen, bitten Sie musikalisch versierte Kolleginnen um Hilfe oder besorgen Sie sich die Lieder auf Tonträger. Der Vorteil einer CD besteht natürlich darin, dass Sie das entsprechende Lied direkt anwählen können ohne lange Spulpausen, in denen die Kinder sich vielleicht langweilen. Es gibt mehrere Wege, ein Lied einzuführen. Probieren Sie einfach aus, was für Sie am besten funktioniert. So können Sie zuvor den Text gemeinsam mit den Kindern einstudieren oder ihnen das Lied direkt vorsingen. Die erstgenannte Vorgehensweise trifft vor allem für die Lieder zu, die die Vertonung eines kleinen Reimes oder Bewegungsgedichtes darstellen (siehe z.B. *Incy wincy spider*, ➜ S. 34). Erarbeiten Sie also zuerst den Inhalt, indem Sie, ohne sich der Muttersprache bedienen zu müssen, nur mit Hilfe von Mimik, Gestik, Bildern bzw. Realia, gemeinsam mit den Kindern klären, worum es geht. Lassen Sie die Kinder dann Zeile für Zeile nachsprechen, mal ganz leise (Hand unten), mal ganz laut (Hand ganz oben) und mal in normaler Lautstärke (Hand in der Mitte). Sprechen Sie immer überdeutlich vor und achten Sie bitte auch auf den Einsatz von Tonträgern, um den Kindern die perfekte Aussprache von Muttersprachlern unterschiedlichster Herkunft zu

Praktische Umsetzung

bieten. Sobald Inhalt und Aussprache gesichert sind, können Sie die Melodie anstimmen, zuerst summen, dann pfeifen oder klopfen. Anschließend folgt die Verknüpfung von Text und Melodie. Der Vorteil der Lieder besteht darin, dass sich die Kinder die Texte durch die Unterstützung der Melodie viel länger merken können. Nach ein paar Englischeinheiten können Sie bereits fragen: *"Boys and girls, which song would you like to sing today?"* Sie werden erstaunt sein, was sich die Kinder alles merken. Manche Lieder brauchen keine lange Einführung, da sie vielen Kindern schon bekannt sind (*Happy birthday, We wish you a merry Christmas ...*), wieder andere kann man einfach vom Tonträger vorspielen und ebenfalls mit Hilfe von Bildern, Realia oder dem Einsatz von Mimik und Gestik inhaltlich klären. Wichtig ist jedoch immer, dass die Englischfachkraft auf ihre genaue Aussprache achtet, nicht aber die Kinder korrigiert, sondern durch vermehrt richtiges Vorsprechen erreicht, dass die Kinder richtig immitieren.

Einsatz authentischer Kinderbücher

Ein ganz wichtiger Teilbereich beim Erwerb einer Fremdsprache ist das genaue Zuhören, das *listening*. Die Kinder bedürfen eines möglichst großen sprachlichen *inputs*, um durch vermehrtes Hören die Sprache zu verinnerlichen und sie schließlich selbst zu produzieren. Mit Hilfe authentischer Kinderbücher können Sie den Kindern sprachliches Material anbieten, das diese aufgrund farbiger Zeichnungen in den Büchern ganz einfach verstehen. Sie brauchen kaum weiteres Anschauungsmaterial, da sich das meiste durch die Bilder klären lässt.

Ganz besonders geeignet sind Bücher, deren Inhalt die Kinder aus deutschen Übersetzungen bereits kennen, z.B. Werke von Eric Carle, „Die kleine Raupe Nimmersatt" *(The very hungry caterpillar)* oder

Praktische Umsetzung

Geschichten vom *Paddington Bear*. Es gibt auch deutsche Literatur, die ins Englische übersetzt wurde, wie z.B. Der Regenbogenfisch von Markus Pfister, *The rainbow fish*. Natürlich ist bei der Auswahl der Werke darauf zu achten, dass sie inhaltlich altersgemäß sind, d.h. Themengebiete behandeln, die die Kinder in diesem Alter faszinieren (Tierwelt, Abenteuer, Märchen …). Besonders für die ersten Vorlesewerke ist es sehr hilfreich, wenn manche Sätze wiederholt erscheinen, d.h. die Texte *repetitive* sind, so dass die Kinder diese schon bald selber mitsprechen können. Bei dem Buch *"Brown bear, brown bear, what do you see?"* von Martin/Carle, gibt es auf jeder Seite seltsame Tiere zu entdecken, stets verbunden mit der Frage *"What do you see?"*, die die Kinder schon bald selbst rufen.

Dank der Möglichkeit, englischsprachige Literatur über das Internet zu bestellen, vermeiden Sie auch eine ständige Hetzjagd nach guten Büchern auf Urlaubsreisen. Es gibt unzählige geeignete Bücher und sicher werden Sie schon bald genau wissen, welche Sie erfolgreich einsetzen können. Ich möchte Ihnen an dieser Stelle eine kleine Liste meines erprobten Repertoires zur Verfügung stellen.

Achten Sie bitte auch darauf, dass jedes Kind die Bilder gut mitverfolgen kann, beziehungsweise jeder einmal umblättern oder etwas bewegen darf. Hier noch ein Tipp: Es gibt von einigen Werken wunderschöne *Big Book-Ausgaben*, die wie ihr Name schon sagt, den Vorteil haben, dass Sie überdimensional groß sind und somit von allen Kindern gut gesehen werden können.

Praktische Umsetzung

Themengebiete	Titel	Autor	ISBNr
Tiere	Mr Gumpy's outing	John Burmingham	0-606-04482-5
Farben und Tiere	Brown bear, brown bear, what do you see?	Bill Martin Jr/ Eric Carle	0-8050-1744-5
Farben, Tiere und Freundschaft (engl. Version ohne Text zur Fantasieanregung)	Do you want to be my friend?	Eric Carle	0-690-24276-X
Zahlen (A lift-the-flap counting book!)	One little teddy bear	Mark Burgess	0-00-664202-0
Zahlen (in Reimform geschrieben!)	Ten apples up on top	Dr. Seuss	0-00-171323-X
Ostereiersuche	Spot's first Easter	Eric Hill	0-399-22424-6
Gebäude, Tiere, Personen	The train ride	June Crebbin	0-7445-4701-6
Uhrzeiten, Tätigkeiten (A Flip-the-flap book!)	What's the time, Mr Wolf?	Tony Mitton	0-7445-2962-X

Vorschlag für den Ablauf der ersten Englischeinheit

Bereiten Sie den Raum in etwa wie folgt vor: ein Stuhlkreis mit Stühlen für Sie und die Kinder, eine Landkarte von England, ein paar Postkarten z.B. von London, die Handpuppe, das Gummibärenglas, die Namenschilder der Kinder und eines für Sie selbst, die Englischmappen und ein CD-player oder Musikinstrument zur Liedbegleitung.

Erzieherin (E), hier fiktiv *Susan* genannt: *Good morning, boys and girls. My name is Susan.*

E hängt sich ihr Namenschild um und wiederholt mehrmals langsam und deutlich diesen Satz.

E: *My name is Susan. My name is Susan. This is my name card. Look, my name is Susan. This is a duck. Do you know Donald Duck? Yes, this is a duck. So, my name is Susan. What's your name? My name is Susan. And you? What's your name?*

Kind (K): *Maxi!*

E: *Oh, hello Maxi! My name is Susan. I'm from England. I speak English. My English name is Susan. Maxi, you're German. Your German name is Maxi. Today you're going to get a new name, an English name. Your English name is Matt. Hello Matt. Say "Hello Matt!", boys and girls.*

K: *Hello Matt!*

E hängt Maxi sein englisches Namenschild um.

E: *My name is Susan. What's your name?*

K: *Julia!*

E: *Oh, hello Julia. Your German name is Julia. Today you're going to get a new name, an English name. Your English name is Jane. Hello Jane. Say "Hello Jane!", boys and girls.*

K: *Hello Jane!*

Auf diese Art und Weise werden alle Kinder begrüßt und bekommen ihren englischen Namen. Denken Sie daran, jedesmal die englischen Namen der Kinder zu wiederholen, denn es dauert einige Zeit, bis die Kinder sie sich merken können.

Um nun das lange Sitzen zu unterbrechen, lassen Sie die Kinder aufstehen und schauen sich gemeinsam die Landkarte von England an.

E: *Look, this is Germany and here is Munich. That's where we are now. We are in Munich. Let's see, England is far away. Look, here is water all around. It's an island. Here is London. That's*

Praktische Umsetzung

where I was born. London is a big city. Look, I've brought some postcards of London.

…

Die Kinder werden an dieser Stelle evtl. bereits von Reisen dorthin berichten. Im Anschluss daran hängen Sie die Landkarte in der Englischecke auf und stimmen mit den Kindern ein ganz einfaches englisches Lied an. Hier ein paar Vorschläge für geeignete Begrüßungslieder:

Hello, good morning

Text und Musik: Lorenz Maierhofer

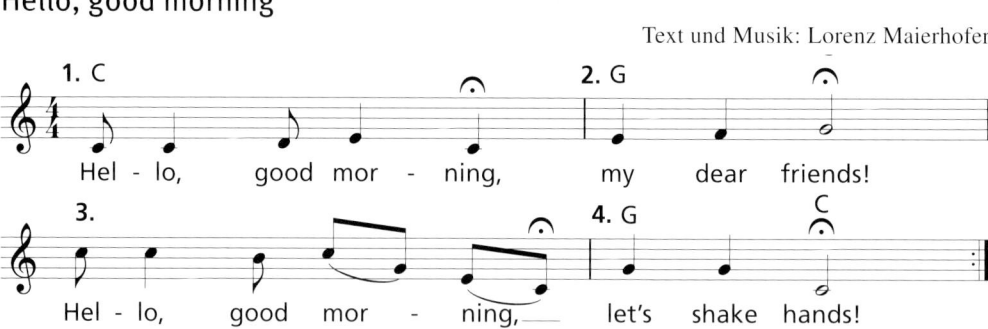

Good morning

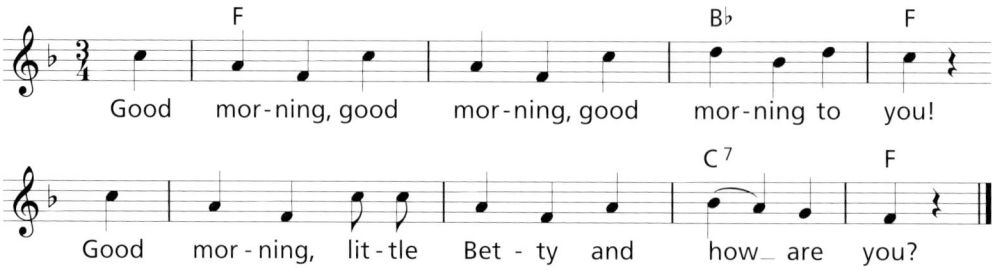

Praktische Umsetzung

What's your name?

Text: Playway-Autoren, Musik: Lorenz Maierhofer

Nun kommt die Handpuppe zum Einsatz und stellt sich vor, befragt die Kinder nach ihrem Namen und macht ein wenig Spaß. Skizzieren Sie ein Abbild der Handpuppe und kopieren sie es für alle Kinder, damit sie es farbig anmalen können. Erfahrungsgemäß werden sich die Kinder bemühen, die realistischen Farben zu verwenden. Begleiten Sie die Farbauswahl, indem Sie währenddessen fleißig Englisch sprechen, so hören die Kinder die englischen Farbnamen bereits.

Zum Schluss können Sie den Kindern evtl. noch ihre Mappen austeilen. Dort könnte sich nun bereits ein Abzug des ersten erlernten Liedes befinden. Falls noch Zeit ist, können die Kinder es farbig gestalten. In die Mappe können die Kinder immer ihre Namenschilder einlegen oder sie an einen Haken an der Wand hängen. Gemein-

Praktische Umsetzung

sam legen sie heute das Bild der englischen Handpuppe in die Mappe ein. Behalten Sie die Mappen bei sich, weil die Kinder sie sonst zu Hause vergessen. Vereinbaren Sie evtl. mit den Eltern, dass diese bei Bedarf Abzüge der erlernten Reime oder Lieder erhalten, so dass sie zu Hause mit den Kindern singen können, oder geben Sie in gewissen Abständen die Mappen mit heim, so dass die Eltern auf dem Laufenden sind. Die Zeit der ersten Englischbegegnung vergeht blitzschnell. Alle freuen sich schon auf das nächste Englischtreffen, bei dem die Farben erarbeitet werden und somit endlich das Gummibärenglas zum Einsatz kommt.

Autumn

Autumn

Im Herbst fallen die bunten Blätter von den Bäumen, da bieten sich die Farben geradezu an. Lassen Sie die Kinder Herbstblätter sammeln und die genaue Farbkomposition beschreiben. *"My leave is green, red, yellow and brown."*

Später können Sie die Kinder ein Herbstblatt in Form eines Zeichendiktates anfertigen lassen. Geben Sie den Kindern ein Blatt Papier mit einem papierfüllenden leeren Blattrahmen vor, welches die Kinder nun nach ihrem Farbdiktat anmalen. Sagen Sie den Kindern, dass sie in der jeweiligen Farbe immer nur ein kleines Stück des Blattes anmalen sollen.

"My leave is green - Zeichenpause - *and red* - Zeichenpause - *and yellow* - Zeichenpause - *and brown* - Zeichenpause - *and still a little bit green."* Mit Hilfe eines solchen Zeichendiktates können Sie immer feststellen, ob die Kinder sich neue Wörter gemerkt haben. Aber Vorsicht: Einige Kindergartenkinder verwechseln die Farben auch noch auf Deutsch, seien Sie also nicht zu streng! Und nun gleich das erste Bewegungsgedicht zum Thema Herbst, das die Zahlen reaktiviert.

Five little leaves

Five little leaves so bright and gay	5 Finger in der Luft drehen
Were dancing about on a tree one day.	
The wind came blowing through the town,	beide Hände an den Mund legen
Ooooooooo ... Ooooooooo!	und hindurchrufen
One little leaf came tumbling down.	1 Finger herabsegeln lassen
Four little leaves so bright and gay ...	4 Finger in der Luft drehen
Were dancing about on a tree one day.	
The wind came blowing through the town,	beide Hände an den Mund legen
Ooooooooo ... Ooooooooo!	und hindurchrufen
One little leaf came tumbling down.	1 Finger herabsegeln lassen

Autumn

Three little leaves so bright and gay ...

Two little leaves so bright and gay ...

*One little leaf so bright and gay
Was dancing about on a tree one day.
The wind came blowing through the town,
Oooooooo ... Ooooooooooo!
the last little leaf came tumbling down.*

Tipp: Sie können natürlich auch mit einer höheren Zahl als der Fünf beginnen!
Basteln Sie fünf herbstliche Blätter aus selbstklebenden Zetteln und heften sie diese an ein Plakat mit einem aufgezeichneten Baum und sagen Sie in etwa Folgendes zu den Kindern:

"Look, boys and girls, this is a tree. It is a big tree with some leaves. How many leaves can you see? ... Let's count them: one, two, three, four, five. That's right, there are five leaves dancing about on the tree. Here is a little story about these five leaves. Listen carefully!"

Während Sie das Gedicht aufsagen, entfernen Sie ein Blatt nach dem anderen, bis am Schluss nur noch der Stamm und seine Zweige übrig sind. Beim zweiten Vorsprechen lassen Sie einzelne Kinder die Blätter heruntersegeln und beim dritten Mal werden sicher schon einige mitsprechen. Zeigen Sie den Kindern nun den Bewegungsablauf dazu, damit jedes Kind mitmachen kann.
Viel Spaß macht es den Kindern auch, selbst die Blätter zu spielen und langsam von einem Stuhl „herunterzusegeln".

Autumn

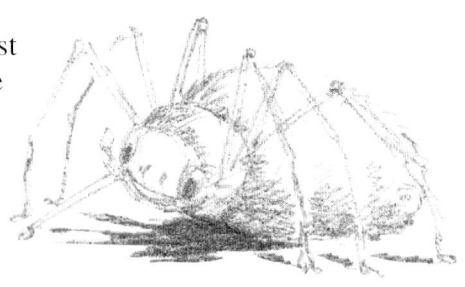

Häufig regnet es auch im Herbst und sicher haben Sie am Haus eine Wasserrinne, die Sie mit den Kindern schon beobachtet haben. Vielleicht sammeln Sie das Regenwasser ja sogar in einer Regentonne, um damit den Garten des Kindergartens zu bewässern. Falls all das nicht der Fall ist, besorgen Sie sich im Baumarkt ein Stück Rohr oder verwenden noch besser ein durchsichtiges Plastikrohr als Wasserrinne. Des weiteren benötigen Sie eine schwarze Plastikspinne an einem durchsichtigen Nylonfaden, eine kleine Flasche mit Wasser und ein Eimerchen. Besonders effektvoll ist es, die Spinne im verdunkelten Raum über den eingeschalteten Overheadprojektor laufen zu lassen. Bei einer Kleingruppe genügt es, die Spinne am Nylonfaden über den Tisch zu ziehen. Respektieren Sie bitte eventuelle Spinnenängste bei Kindern und bewahren Sie entsprechend Distanz.

Incy wincy spider

Incy wincy spider *climbed up the water spout.*	Zeige-und Mittelfinger der rechten Hand klettern auf dem linken Arm nach oben.
Down came the rain *and washed the spider out.*	Zehn Finger deuten herabfallende Regentropfen vor dem Gesicht nach unten an.
Out came the sunshine *and dried up all the rain.*	Zwei Hände deuten aufgehende runde Sonne an.
So incy wincy spider *climbed up the spout again.*	Zeige-und Mittelfinger der rechten Hand klettern wieder auf dem linken Arm nach oben.

Incy wincy spider

Auch hierbei handelt es sich um einen Bewegungsreim, bei dem die Kinder nicht nur mitsprechen, sondern auch zugleich mitspielen können.

Setzen Sie sich mit den Kindern auf den Boden, verstecken Sie alle Einzelteile im Wassereimer und ziehen Sie die Spinne, nachdem die Kinder versucht haben das Tier zu erraten, geheimnisvoll aus Ihrer Hosentasche und sagen in etwa Folgendes:

"Boys and girls, I've brought you a very nice animal today. It is black and has got eight legs … Yes, it's a spider! Look here, it's a nice spider. This spider lives in a water spout. Every day it climbs up the water spout. Look, it climbs up the water spout like this. But sometimes it rains, just like today. Look, it is raining outside. I've got some rain here in this little bottle. Sam, could you please hold the little spider and let it climb up the water spout. Very good, Sam. Let me put this little bucket underneath the waterspout. Now, look, it's raining and the rain washes the incy wincy spider out. Look, it is in the bucket now. But the rain has stopped and out comes the sun again and the sun dries up all the rain, so incy wincy spider climbs up again."

Nach und nach können die Kinder einzelne Rollen selbst übernehmen. Besonders begehrt ist die Rolle des Regenmannes! Sie sprechen dazu das kleine Verslein und sehr schnell schon werden die Kinder mitsprechen. Da immer nur wenige Kinder eine Rolle übernehmen können, ist es an der Zeit, beim Sprechen die Fingerbewegungen mit zu machen, damit alle zur selben Zeit aktiv werden können. Wenn die Kinder das Verslein sicher beherrschen, können Sie den Reim auch als Lied singen. *Let's sing a song!*

Autumn

Incy-wincy-spider-Song

Rain, rain, go away

Hier noch ein Lied gegen allzu verregnete Herbsttage. Ersetzen Sie den Namen Betty einfach durch die Namen Ihrer Kinder!

Text und Musik: Pamela Conn Beall, Susan Hagen Nipp

Autumn

There is thunder

Wenn das Wetter noch schlimmer wird und ein Gewitter dazu kommt, singen Sie doch auf die Melodie von Bruder Jakob folgenden Text:

There is thunder, there is thunder,	mit Handflächen auf den Boden schlagen
hear it roar, hear it roar.	Hände an die Ohren anlegen
Pitter, patter, rain drops	mit Handflächen ganz schnell auf die Knie
pitter, patter, rain drops.	schlagen
I'm all wet! I'm all wet!	den Regen von sich schütteln

Buchvorschlag zum Herbst

Mark Burgess, One little Teddy Bear, Collins Picture Lions, 1991.

Ein wunderschön illustriertes Kinderbuch, bei dem man bewegliche Teile aufklappen kann unter denen sich jeweils ein weiterer Teddybär befindet. Somit wiederholen die Kinder spielerisch die Zahlen von 1–10. Der kurze, kindgerechte Text reimt sich und erklärt sich durch die Zeichnungen wie von selbst. Dieses Buch bietet einen gelungenen Übergang zum Thema Winter, da die Bären gegen Ende der Geschichte bei Schneefall im Freien Schlittschuhlaufen gehen.

Halloween

Zur Begegnung mit Englisch gehört auch dazu, dass die Kinder so viel wie möglich über Land und Leute englischsprachiger Länder erfahren. Im Herbst bietet sich an, ein traditionelles Fest mit den Kindern zu feiern: Halloween. Bis vor wenigen Jahren war es noch völlig unbekannt in Deutschland, aber inzwischen gibt es auch hier zu Lande Halloweenparties. Die Dekorationsmöglichkeiten beschränken sich nicht mehr auf den selbst ausgehöhlten Kürbis, sondern man bekommt überall Halloweenluftballone, Halloweenserviet-

Autumn

ten und Kostüme. Aber vorab erst einmal ein kleiner geschichtlicher Exkurs, damit Sie wissen, warum dieses Fest eigentlich gefeiert wird.

Trick or treat

Die Nacht vom 31. Oktober auf den 1. November ist für amerikanische Kinder die Nacht der Nächte. Vor den Häusern stehen ausgehöhlte Kürbisse (*pumpkins*), in die mit einem scharfen Messer eine gruselige Fratze geschnitten wurde, die mit Hilfe eines Teelichts im Inneren beleuchtet wird. Die Kürbisse dienen dazu, böse Geister zu vertreiben. Ursprünglich kommt dieses Fest aus dem alten England und Irland, wo die Kelten bereits vor 1000 Jahren feierten um die bösen Geister der Toten zu vertreiben. Sie wollten diese freundlich stimmen und stellten unter die Lichter etwas Essbares. Später wurde aus diesem Geisterfest ein Fest zu Ehren Gottes (hallowed evening – Halloween). Einwanderer brachten diesen Brauch mit in die Vereinigten Staaten von Amerika, wo es heute fast eine Art Karnevalsfeier ist, weil sich die Kinder verkleiden (z.B. als Hexe, Geist, Vampir, Skelett …) und so von Haustüre zu Haustüre ziehen. Sie haben einen großen Korb oder Sack dabei, von dem sie hoffen, dass er am späten Abend mit vielen Leckereien gefüllt ist. Die Kinder klopfen dort an, wo ein Kürbislichtlein brennt und rufen *"trick or treat"* (*trick: Let's play a trick* = einen Streich spielen; *treat*: etwas Gutes, etwas Leckeres bekommen) Wenn die verkleideten Jugendlichen also etwas Leckeres bekommen (in USA sind die Regale der Supermärkte Wochen vorher mit den verschiedensten Süßigkeiten, meist in der Farbe und Form eines Kürbisses, gefüllt), dann ziehen sie wohlgelaunt weiter. Sollte dies jedoch nicht der Fall sein, dann spielen sie Streiche ähnlich denen, die bei uns in der Freinacht gespielt werden, z.B. Zahnpasta auf Türklinken schmieren, Autos mit Klopapier umwickeln … Aber keine Angst, die meisten Menschen sind um diese Jahreszeit stets bestens vorbereitet und haben jede Menge *treats* im Haus, so kann einem gar nichts geschehen. Eine wahre Augenweide ist auch die alljährlich in New York stattfindende Halloweenparade, die im Fernsehen übertragen wird und sehr an unsere Karnevalsumzüge erinnert.

Ein absolutes „Muss" zu Halloween ist es, einen großen Kürbis auszuhöhlen. Vergessen Sie nicht, den Kürbis über Nacht im Freien zu plazieren, sonst erwartet Sie am nächsten Tag in den Kindergartenräumen ein unerträglicher Gestank.

Tipp: Aus dem ausgelösten Fruchtfleisch lassen sich eine leckere Kürbiscremesuppe oder Kürbiskekse bereiten, die Sie dann gemeinsam mit den Kindern essen können. Hier ein schnelles und bei Kindergartenkindern beliebtes Rezept für einen Kürbisbananendrink.

Pumpkin-banana-drink

Zutaten: Kürbisfruchtfleisch, Bananen, Vanillezucker, Zimt, Naturjogurt, Frischmilch oder Buttermilch

Kochen Sie das Kürbisfruchtfleisch 8–12 Minuten in Wasser oder dämpfen Sie es 15–20 Minuten im Kartoffelkocher über Wasserdampf. Geben Sie anschließend 1 Becher Naturjogurt, 1 Becher gekochtes Kürbisfruchtfleisch, 1 Banane, etwas Vanillezucker und evtl. ein wenig Zimt in den Mixer und pürieren Sie die Masse, bis sie zähflüssig ist. Nach Belieben geben Sie Frischmilch oder Buttermilch dazu. Dieses Rezept reicht für etwa 3 Tassen des leckeren Kürbisbananendrinks. *Enjoy your liquid meal!*

The Witch's House

Verdunkeln Sie den Raum und zünden Sie dann das Teelicht im Kürbis an, um bei dieser schummrigen Beleuchtung von Halloween zu berichten. Sicher haben auch schon einige Kinder Erfahrungen dazu gesammelt und möchten selbst etwas erzählen. Hier nun eine kleine Geschichte, die Sie den Kindern auf Englisch erzählen und vorspie-

Autumn

len können. Sie brauchen dazu eine schwarze Stoffkatze, ein einfaches "Hexenkostüm", eine Schere und ein Stück orangefarbenes, quadratisches Papier.

Once upon a time there was a tiny little witch only three inches high. The witch was very sad because it was Halloween, and she had no home to weave her spells in. As she walked down the street she was hit in the face by a sheet of paper.

"Paper!" she exclaimed. "I can make a paper house."

She took out her scissors and began to cut. She cut out an igloo shape (1).

and then a door for herself (2).

Her cat mewed. "And me?"

"Oh, of course. You need a door, too."

So the witch cut out a little cat door (3) and then a window to look out of (4).

And it was the perfect house for a witch on Halloween: a Jack-o'-lantern!

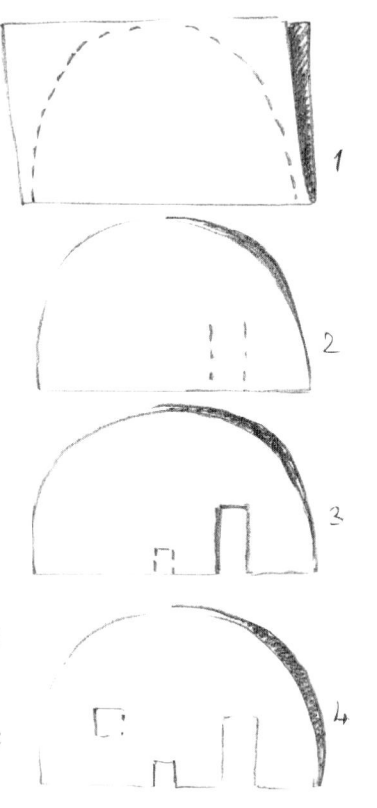

© by Harlynne Geisler, San Diego, www.swiftsite.com/storyteller

Während Sie diese Geschichte als Hexe verkleidet mit einer schwarzen Katze auf der Schulter, Schere in der Hosentasche und bereitgelegtem orangefarbenem Papier erzählen, führen Sie die Handlungen wie oben beschrieben aus und erhalten am Schluss zum großen Erstaunen aller einen orangefarbenen ausgehöhlten Kürbis, den man auch *jack-o'-lantern* nennt. Der Begriff geht auf eine Legende zurück, nach der ein Mann namens Jack sein Leben lang mit einer Laterne in der Hand umherirrte, weil er sich mit dem Teufel verbündet hatte.

Tipp: Die orangefarbenen Kürbisse, die beim Erzählen entstehen, sind eine wunderschöne Fensterdekoration! Das Tageslicht, das durch die Fensterscheibe hereinscheint, beleuchtet die Kürbisse fast so gespenstisch wie das Teelicht im Original.

Medien zu Halloween

- *Arden Druce:* Witch, Witch come to my party, Child's Play, 1991, ISBN 0-85953-781-1

  Ein etwas gruselig gezeichnetes Bilderbuch, das einen sehr einfachen, sich ständig wiederholenden Text hat, bei dem die Kinder sehr schnell mitrufen können. Der ideale Einstieg, wenn Sie eine gemeinsame Halloweenparty planen.

- *Pertler, Cordula/Reuys, Eva:* Kinder feiern Halloween, Don Bosco, München 2000, ISBN 3-7698-1259-X

  Alles was Erzieherinnen brauchen, um gemeinsam mit den Kindern eine Halloween-Party zu feiern. Planung, Organsiation, Schmink- und Kostümtipps, Rezepte, Spielideen und Hintergrundinfos.

- Ganz viele Tipps und Tricks zum Thema Halloween finden Sie auch im Internet unter: *http://www.netfix.com/poptart/hallo.htm*

Winter

Auch für den Winter gibt es viele Aktivitäten für die Fremdsprachenbegegnung. Ganz besonders spannend wird es für die Kinder, wenn Sie mit Ihnen hinausgehen und draußen Englisch sprechen. So können Sie z.B. gemeinsam einen Schneemann bauen und diesen ganz genau auf Englisch beschreiben. (*Two black eyes, a long nose…*) Vielleicht sogar mit Hilfe dieses kleinen Bewegungsgedichtes:

The Snowman

Roll him and roll him until he is big.
Roll him until he is fat as a pig.
He has two eyes and a hat on his head.
He'll stand there all night,
while we go to bed.

Für den Einsatz im Zimmer fertigen Sie die einzelnen Körperteile des Schneemannes aus festem Karton an und lassen die Kinder ein Teil nach dem anderen auflegen, während alle gemeinsam das Sprüchlein dazu sagen.

Hier noch ein ähnliches Schneemanngedicht:

My Snowman

My snowman is so big	beide Arme ganz nach oben strecken
and cold.	Arme an den Oberkörper drücken und sich vor Kälte schütteln
His broom is brown,	mit rechter Hand so tun als ob man Besen hält
his hat is old.	beide Hände bilden Hut über dem Kopf
His nose is red,	rechter Zeigefinger auf die Nase
his eyes are black.	rechter und linker Zeigefinger zeigen auf die Augen
His arms are short,	beide Hände an den Hüften einknicken
his name is Mac.	beide Hände deuten quadratisches Namensschild vor der Brust an.

Winter

Story Telling: Hansel and Gretel

Die dunkle, kalte Winterzeit lädt förmlich dazu ein, sich gemeinsam auf eine Wolldecke zu kuscheln und einer Geschichte zu lauschen. Für den Fremdsprachenfrühbeginn ist es natürlich sinnvoll eine Geschichte zu wählen, deren Inhalt den Kindern im weitesten bekannt ist, zum Beispiel ein Märchen.

Entscheidend ist wie immer die visuelle Unterstützung. Vielleicht haben Sie ein Märchenbilderbuch mit der Geschichte von Hänsel und Gretel in Ihrer Einrichtung und die Kinder können, wenn sie im Doppelhalbkreis wie bei einer Theateraufführung sitzen, sehen.

Wichtig ist beim *story telling*, im Gegensatz zum *reading*, dass sie wirklich frei erzählen und somit Mimik und Gestik ungehindert einsetzen können. Verwenden Sie das Buch wirklich nur als visuelle Unterstützung für die Kinder und erzählen sie so frei wie möglich. Zum Einstieg könnten Sie folgendermaßen beginnen:

E: *Boys and girls, I am going to tell you a little story about two children, a boy and a girl, who lived in a forest. Look at this picture, may be you know their names.*

K: *Hänsel und Gretel.*

E: *That's right.*

Hansel and Gretel

1. *Once upon a time a very poor woodcutter had no money left to buy bread for his family: his son Hansel, his daughter Gretel and their stepmother.*

2. *That night, the children's stepmother told their father that he would have to lead the children into the middle of the forest and leave them there. He was not very happy about this, but in the end he said he would do it.*

Winter

3. Fortunately, Hansel and Gretel overheard this evil plan and even though they were very frightened, Hansel had an idea. He went outside and picked up as many white pebbles as he could find and stuffed them into the pockets of his jacket.

4. The next morning, they left very early to go into the forest. Each of the children was given a piece of bread. Their father saw that Hansel stopped and looked back: "Why do you keep looking back? Don't stop. Keep walking", he said. "I'm just looking back at my little kitten sitting on the roof of the house", Hansel replied.

   But, of course, the real reason was, that each time he stopped he dropped one of his little white pebbles.

5. When they were far into the forest, their father lit a huge fire and their stepmother said to the children: "Rest here for a while. Your father and I are going to cut some wood. Wait by the fire until we return".

   The children sat by the fire and ate their bread. When it started to grow dark, Gretel was very frightened, but Hansel told her to wait for the moon to appear.

6. When the moon came up, the little white pebbles that he had dropped, gleamed in the moonlight. Hansel took Gretel by the hand and they followed the trail of the pebbles back to their home. Their father was very happy to see them again but their stepmother was not.

7. Not long after, when, once again, there was nothing left to eat in the house, the stepmother told their father to take the children into the forest and leave them there. The children heard this and Gretel began to cry. Hansel got up to go outside to collect some pebbles again, but, this time, their stepmother had locked all the doors. Hansel grew sad too, and could not comfort Gretel and stop her crying.

8. The next morning, each of the children was given a small piece of bread and then they all left to go into the forest. Hansel stopped to look back. His father asked: "Why do you keep stopping and looking back?"

Winter

Hansel answered: "I'm looking back at a little pigeon sitting on our roof."

But, in fact, he always stopped to drop a little crumb of bread onto the path. They went deeper into the dark forest, and after walking for a very long time, their father stopped and made a fire just as last time. Their parents left them alone and went off to cut some wood. Gretel shared her piece of bread with her brother. Nobody came to fetch them.

9. When the moon rose, Hansel looked for the bread crumbs but thousands of woodland birds had pecked them all up. Hansel tried to find the way home in spite of this, and pulled Gretel along after him. But they were hopelessly lost in the middle of the dense forest.

10. Finally, after three long cold days and nights in the forest, they came upon a little cottage that was built completely of bread! The roof was made of pancakes and the windows of sugar candy. They were both very hungry and began to pull bits off the house. They ate and ate. Suddenly they heard a thin scratchy voice coming from inside the cottage.

"Nibble, nabble, nubble! Who's gnawing my house to rubble?"

Hansel and Gretel were both terrified and stopped eating immediately.

11. A very old woman came out of the front door and seeing the two poor hungry children, said: "Oh, you poor little things! Come along with me. There's plenty to eat inside the house. She served them a huge dinner and made up a bed for them. They both fell fast asleep.

12. The following morning, the old woman carried the sleeping Hansel outside and locked him up in a small stall as if he were a piglet. Then she woke Gretel and told her to get to work. Gretel had to work very hard: drawing water from the well and cooking lots of food to fatten up poor Hansel whom the old witch planned to eat.

13. Gretel was terrified of the old woman so she did as she was told. Every day she brought Hansel lots of food, but she herself got nothing to eat except crayfish shells. Each day, the old woman would go to Hansel's stall and ask him to stick out his little finger so she could

feel if he was putting on enough weight. However, each day Hansel held out a thin little bone instead of his finger.

When four weeks had gone by, the old woman said to Gretel: "Go out and fetch water to fill the large cauldron. I'm going to slaughter and cook your brother whether he's fat enough or not. While he's cooking we'll bake some bread."

14. *Very early the next morning, the bread was already in the oven and the old woman said to Gretel: "Come over here, my dear. It smells as though the bread is almost ready. My eyes are not so good. Look into the oven for me. If you can't see far enough inside, then get onto this board and I'll hold you."*

    Gretel knew what the old witch had in mind and said to her: "I'm not quite sure how to do it. Could you please show me? Why don't you get onto the board, and I'll hold onto you?"

15. *The old woman climbed up onto the board and Gretel pushed her all the way into the oven. She slammed the door shut, and ran away as fast as she could. The old witch was burned to ashes. Gretel ran straight to the stall where her brother Hansel was waiting and set him free. They were both so happy that they hugged and kissed each other.*

16. *They crept back into the witch's house to look for jewels or gold. Taking all they could carry, they set off for home. They walked and walked and walked until, at last, they came to a part of the forest that they recognised.*

17. *Their father was overjoyed to see them alive and well. He told them that their stepmother was dead and that every day he wished he had not left them in the forest and had missed them very much. They hugged and kissed him and emptying their pockets, showed him the treasure they had taken from the wicked witch.*

    They all lived happily ever after and always had plenty to eat.

(gekürzte und vereinfachte Fassung als Vorschlag zum freien Erzählen unter Zurhilfenahme von Zeichnungen zu den einzelnen Szenen, Buchvorschlag: Rika Lesser, Hansel and Gretel, Sandcastle Books, New York 1984)

Winter

Christmas

Wir nähern uns einem weiteren wichtigen Fest: Weihnachten. Vorab ein Lied, das Sie gemeinsam beim Weihnachtssternebasteln singen können:

Twinkle, twinkle little star

Twinkle, twinkle little star,
how I wonder what you are.
Up above the world so high
like a diamond in the sky.
Twinkle, twinkle, little star,
how I wonder what you are.

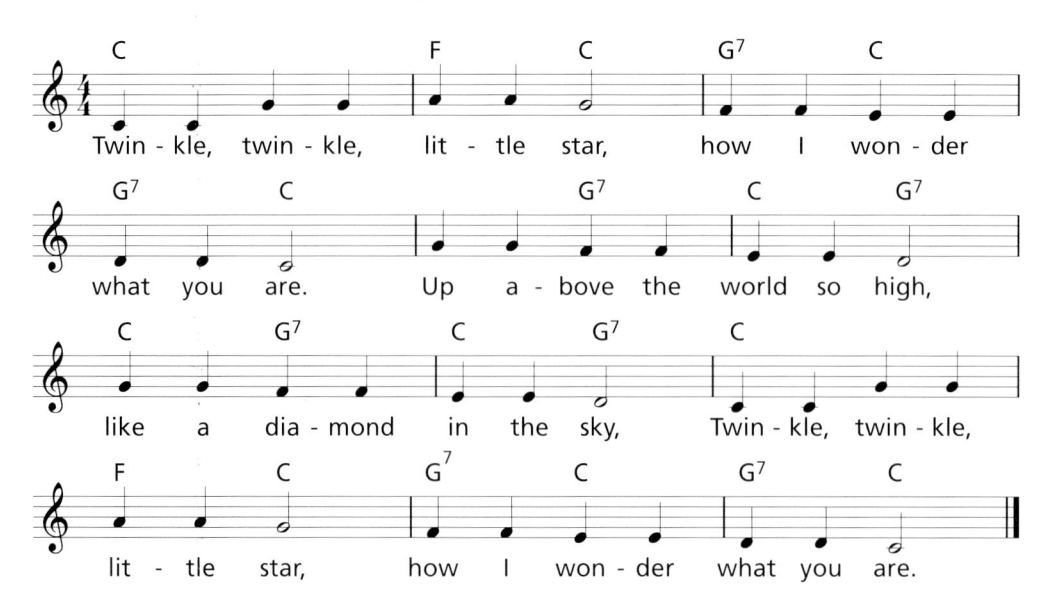

Zu dieser Melodie können Sie zu einem späteren Zeitpunkt, wenn Sie über die Uhrzeit sprechen, auch folgenden Text singen:

*Round the clock the hours go,
sometimes fast and sometimes slow.
Tell me what the two hands say,
they will tell the time of day.
Twelve o'clock, it's time to eat,
come with me, we'll have a treat.*

Tipp: Falls die Kinder im Kindergarten einen Mittagsschlaf machen, dann ersetzen Sie die letzten beiden Zeilen wie folgt:

*Two o'clock, it's time for bed.
Come with me you sleepy head.*

An dieser Stelle auch noch ein englisches Gutenachtgebet:

*Now I lay me down to sleep.
I pray the Lord my soul to keep.
May angels watch me through the night
and wake me with the morning light.*

Christmas cards

Zur Weihnachtszeit gibt es in England eine wunderschöne Tradition. Es werden bereits Anfang Dezember Weihnachtskarten an alle Freunde und Bekannte verschickt. Diese landen nicht in irgendeiner Schublade, sondern werden entweder auf dem Kaminsims aufgereiht, oder es wird eine Schnur quer durch das Zimmer gespannt, über die alle Karten gehängt werden, so dass man sie immer vor Augen hat.

Winter

Sie können z.B. die Weihnachtskarten, die Sie mit den Kindern selbst basteln, auf diese Art und Weise ausstellen.

Anders als bei uns, feiert man im englischsprachigen Raum Weihnachten am Morgen des 25. Dezembers. Während der Nacht reitet Santa Claus auf seinem Schlitten, der von den Rentieren gezogen wird, über die Hausdächer, rutscht durch den Kamin und legt dort die Geschenke ab. Damit Santa Claus auch weiß, wie viele Personen in einem Haus leben und wie diese heißen, hat jedes Familienmitglied einen langen Strumpf, ähnlich unseren Nikolausstiefeln aus Filz, mit seinem Namen versehen an den Kamin gehängt. Darin hinterlässt Santa Claus die kleinen Päckchen, die großen Pakete liegen vor dem Kamin, bzw. unter dem Christbaum. Dieser steht in USA schon einige Tage vor dem Weihnachtsfest und ist unter anderem mit *candy canes*, kleinen rot weiß geringelten Lutschern in Form eines Stockes, behängt. Es ist Tradition, sich gegenseitig zu besuchen und die prachtvoll geschmückten Bäume zu bewundern. Kinder dürfen sich dann einen Lutscher vom Baum nehmen. Manchmal auch die großen Kinder!

Besonders spannend ist es, einer amerikanischen Familie beim Christbaumschmücken zu helfen, da sie zu jedem Baumschmuck eine kleine Geschichte erzählen können. In vielen amerikanischen Städten gibt es nämlich ganzjährig geöffnete Weihnachtsdekorationsgeschäfte und so wird bei jeder Urlaubsreise ein Erinnerungsstück für den Christbaum erstanden.

Passend zur Weihnachtsgeschichte mit dem durch den Kamin schlüpfenden Santa Claus, gibt es ein kurzes Fingerspiel, das bei den Kleinen sehr beliebt ist. Vielleicht basteln Sie dazu aus Filzresten einen kleinen Santa Claus, den Sie auf den Finger stecken können.

Winter

Bastelanleitung „Santa Claus"

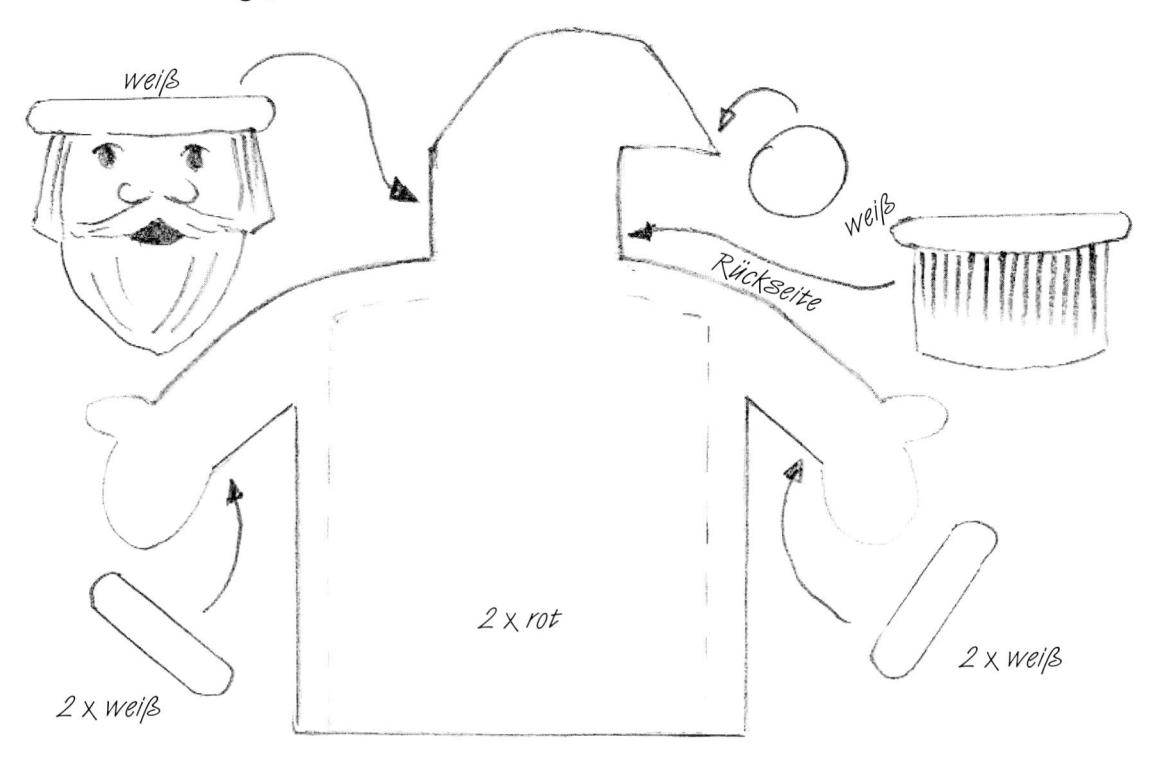

weiß

weiß

Rückseite

2 x rot

2 x weiß

2 x weiß

The chimney

Here is the chimney,

here is the top.
Open the lid,
Out Santa will pop!

Stecken Sie den Weihnachtsmann aus Filz über den Daumen und bergen Sie ihn in der Hand.
Legen Sie die andere Hand darüber.
Nehmen Sie die zweite Hand wieder herunter und strecken Sie den Daumen plötzlich hervor.

Winter

We wish you a merry Christmas

Hier ein allseits bekanntes Weihnachtslied, aus dem Sie ganz einfach ein Bewegungslied machen können: Die Kinder bilden einen Kreis, nehmen sich an der Hand und gehen links herum.

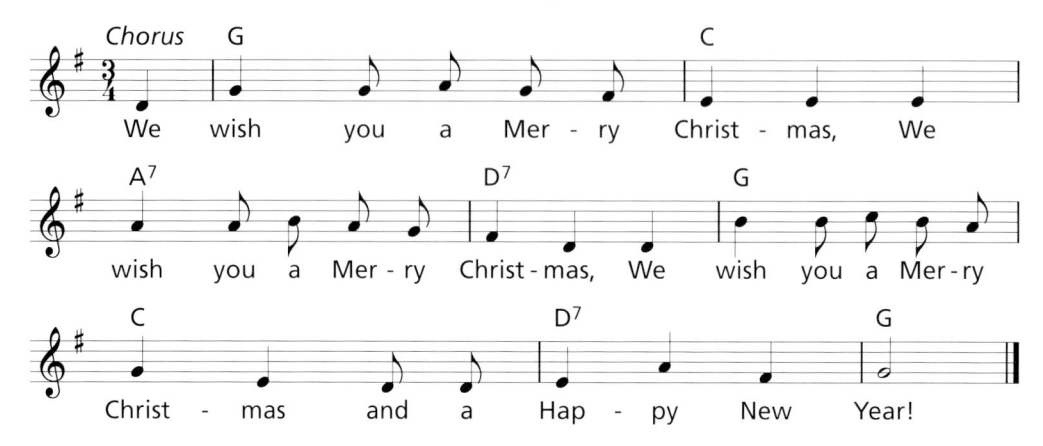

(Chorus – G – C – A7 – D7 – G – C – D7 – G)

We wish you a Merry Christmas, We wish you a Merry Christmas, We wish you a Merry Christmas and a Happy New Year!

2. Let's all do a little clapping,   Dabei kräftig in die Hände klatschen.
let's all do a little clapping,
let's all do a little clapping,
and spread Christmas cheer.

3. Let's all do a little jumping,   Dabei auf der Stelle hüpfen.
let's all do a little jumping,
let's all do a little jumping,
and spread Christmas cheer.

4. Let's all do a little twirling,   Dabei drehen sich die Kinder
let's all do a little twirling,   um die eigene Achse.
let's all do a little twirling,
and spread Christmas cheer.

5. … dichten Sie doch einfach weiter!

Christmas is coming

1. Christ-mas is com-ing. The goose is get-ting fat.
2. Please to put a pen-ny in the old man's hat.
3. Please to put a pen-ny in the old man's hat.

Basteln zu Christmas

Sie können typische Weihnachtsmotive ausschneiden und auf eine einfache, aus Fotokarton gefaltete Karte aufkleben oder diese Karte weihnachtlich bemalen lassen. Diese Weihnachtsmotive sollten Sie ebenfalls auf Englisch mit den Kindern besprochen und benannt haben, z.B. *reindeer, Santa Claus, stars, christmas ball, snow man, mistletoe…* Anschließend wiederholen Sie mit den Kindern den in England und USA üblichen Weihnachtsgruß und schreiben ihn für jedes Kind auf die selbstgebastelte Karte. *Merry Christmas!*

Winter

Tipp: Die Geschichte von Rudolph, dem rotnasigen Rentier, ist auf vielen Pop-Weihnachts-CDs besungen. Auch dieses Lied in seiner modernen Version könnten Sie zunächst gemeinsam mit den Kindern hören und es dann nachsingen und spielen. Eine hervorragende Kurzfassung der Geschichte finden Sie auf der CD Fun and Action 4 New, Klett-Verlag, ISBN 3-12-586218-3. Ebenso ein tolles Lied dazu.

Buchvorschlag zum Winter

R. Briggs, The Snowman, Picture Puffins, Best. Nr. 503501, erschienen auch im Cornelsen Verlag mit Kassetten für den Grundschulenglischunterricht.

Spring

Spring

Der Frühling bringt endlich wieder Farben und viel Bewegungsmöglichkeit in der sich täglich erwärmenden Luft. Außerdem sprießen im Frühling die Pflanzen, die Bäume blühen in aller Pracht – es ist Pflanzzeit. Hierzu ein passendes Bewegungsgedicht:

The cherry tree

Once I found a cherry stone.
I put it in the ground.
And when I came to look at it,
a tiny shoot I found.
The shoot grew up and up each day,
and soon became a tree.
I picked the rosy cherries then
and ate them for my tea.

An dieser Stelle muss den Kindern unbedingt erklärt werden, dass das Mädchen hier keinen Tee zu den Kirschen trinkt, sonst bekäme es ja Bauchschmerzen. In England jedoch sagt man zur Zwischenmahlzeit auch *tea*.

Bringen Sie ein Poster mit einem Kirschbaum und ein paar Kirschen mit und sprechen Sie Zeile um Zeile langsam und deutlich vor. Die Kinder sollen den Text so oft wie nur möglich hören. Machen Sie auch entsprechende Bewegungen dazu, bald schon werden die Kinder diese mitmachen und vereinzelt bereits mitsprechen. Achten Sie darauf, dass Sie bei der Einführung neuer Texte zwischendurch wieder eine Pause machen, in der die Kinder z.B. ein ihnen bereits vertrautes Lied singen. Später wiederholen alle noch einmal den neuen Text.

Tipp: Pflanzen Sie doch mit den Kindern Kirschkerne ein und beobachten gemeinsam, was daraus wird.

Spring

Teddy Bear

Auch dieses Lied lädt geradezu dazu ein, dass Sie gemeinsam mit den Kindern singen und gleichzeitig die Bewegungen dazu ausführen.

Teddy Bear, Teddy Bear, turn around.
Teddy Bear, Teddy Bear, touch the ground.
Teddy Bear, Teddy Bear, show your shoe,
Teddy Bear, Teddy Bear, that will do.

Who is that?

Hierbei handelt es sich um einen kurzen Reim, den die Kinder täglich mit Freude aufsagen, wenn sie an einem Spiegel vorbeikommen. Nach Möglichkeit bringen Sie zur Einführung viele Taschenspiegel mit, so dass jedes Kind einen kleinen Spiegel in die Hand bekommen kann.

E: *Look here, boys and girls. I've got a mirror. This is a mirror. This is a very nice mirror. It's my mirror. Oooops, who is that? That's me! I'm in the mirror. Who is in the mirror?*
I'm in the mirror.

Spring

*Pitta patta, pitta patta
one, two, three.
Who is in the mirror
looking at me?
Pitta patta, pitta patta
one, two, three,
I'm in the mirror
looking at me!*

Sagen Sie den Spruch Zeile um Zeile deutlich vor, geben Sie nach und nach jedem Kind einen Spiegel in die Hand und schon bald werden die Kinder begeistert mitsprechen.

Tipp: Verhängen Sie den Spiegel mit einem Tuch und lassen Sie die Kinder raten, was darunter ist, so wird es sehr spannend für die Kleinen: *What is in here? Guess!*

Easter

Beim Feiern des Osterfestes gibt es kaum Unterschiede zu unseren Traditionen. Ein uns unbekannter Brauch findet in der Osterwoche und am Karfreitag (Good Friday) statt: Im Straßenverkauf werden Hot Cross Buns angeboten, kleine süße Hefeteigbrötchen, mit einem eingeritzten Kreuz auf der Oberseite. Hierzu wird folgendes Lied gesungen:

Spring

Hot cross buns

Hot cross buns! Hot cross buns! One a penny, two a penny, Hot cross buns! If you have no daughters, give them to your sons. One a penny, two a penny, Hot cross buns!

Vielleicht planen Sie ein kleines Osterfest mit den Eltern. Dort könnten dann Hot Cross Buns und englischer Tee für die Erwachsenen angeboten werden. Für Kinder eignet sich eher ein Früchtetee. Falls sie fleißige Helfer haben, hier ein authentisches Rezept, ansonsten können Sie auch einfach Milchbrötchen kaufen und diese an der Oberseite mit einem Kreuz versehen.

Ingredients makes 12 hot cross buns: 450g flour, 50g sugar, 1 package of fresh yeast or dried yeast, 125 ml lukewarm milk, 4 tablespoons (tbsp.) lukewarm water, 1 teaspoon (tsp.) salt, 1 egg, beaten, 100g currants, 50g chopped mixed lemon and orange peel, 50g butter, melted and cooled, *glaze:* sugar, 3 tbsps. milk

Pre-heat oven to 220°. Sift 100g flour into a bowl and add 1 tsp. sugar. Blend yeast, milk and water, then add to sifted flour and sugar. Mix well and leave for 20 – 30 minutes. Sift remaining flour and salt into another bowl. Add rest of sugar, currants and peel and mix together. Add to yeast mixture with butter and beaten egg, then mix

Spring

to a soft dough. Turn out onto a floured board and knead for five minutes (until smooth). Cover and leave to rise until double in size. Turn out onto a floured board, knead lightly and divide and shape into 12 bun pieces. Stand each apart on a lightly buttered and floured baking tray. Cover and leave to rise for 30 minutes. Cut a cross on top of each with a sharp knife. Bake above centre of pre-heated oven for 20 – 25 minutes. Transfer onto wire rack. Mix 50g sugar with 3 tbsp. milk. Brush buns twice with glaze.

Chook, chook

Basteln Sie passend zu nachfolgendem Reim gemeinsam mit ihren Kindern Osterküken und lassen Sie diese später von den Kindern selbst an der entsprechenden Stelle aufstellen.

Chook, chook; chook-chook-chook,
Good morning, Mrs Hen.
How many chickens have you got?
Madam, I've got ten.
Four of them are yellow,
and four of them are brown,
and two of them are speckled red –
the nicest in the town.

Little Bunny

Möchten Sie dem Bewegungsdrang der Kinder nachkommen, dann erarbeiten Sie doch dieses Bewegungsgedicht, bei dem die Kinder in die Rolle eines kleinen Häschens schlüpfen:

There was a little bunny who lived in the wood.
He wiggled his ears as a good bunny should.
He hopped by a sqirrel.
He wiggled by a tree.
He hopped by a duck.
And he wiggled by me.
He stared at the sqirrel.
He peeked round the tree.
He stared at the duck.
But he winked at me!

Easter bunny

Sie haben eine Handpuppe in der Form eines Hasens? Wunderbar! Dann schlüpfen Sie hinein und machen folgende Bewegungen dazu:

Easter bunny, Easter bunny
dance on your toes.

Easter bunny, Easter bunny
touch your nose.

Easter bunny, Easter bunny
stand on your head.

Easter bunny, Easter bunny
go to bed.

Spring

Memory Game

Sehr viel Spaß macht Kindern in diesem Alter das Memoryspielen. Lassen Sie sich nicht frustrieren! Erwachsene sind bei diesem Spiel oft die Verlierer, da ihr optisches Gedächtnis außer Übung ist.

Memoryspiele lassen sich zu jedem Themengebiet sehr einfach selbst erstellen und bieten gute Gesprächsanlässe, um englische Wörter kennen zu lernen oder zu wiederholen. Malen Sie auf ein weißes Papier Quadrate auf und zeichnen Sie in jedes Quadrat ein Ei. Stellen Sie davon Kopien für jedes Kind her und erklären Sie den Kindern, dass sie je zwei Eier in der gleichen Farbe anmalen sollen. Falls Sie eine Schneidemaschine haben, können Sie die einzelnen Quadrate selbst ausschneiden um Zeit zu sparen.

E: Boys and girls, let's play a game. Sit on the floor with me and have a look at my cards. What is this?

K: A green egg.

E: Very good, Paul. It's a green egg. Look, here's another green egg. I've got a pair. And this?

K: This is a blue egg.

E: Well done, Susan! And here is another blue egg. I've got a pair. Let's play memory! Look, I'm shuffling the cards and putting them face down on the floor. Mary, would you like to play a game with me?

M: Yes!

E: You can start. It's your turn.

Mary dreht eine Karte um und E flüstert ihr ins Ohr.

E: A yellow egg.

Mary wiederholt den Satz.

M: A yellow egg.

Susan dreht zweite Karte um.

M: A blue egg.

Beide Karten werden wieder verdeckt an ihren Platz zurückgelegt.

E: Now it's my turn. A yellow egg. And ... a yellow egg! I've got a pair. It's my turn again. A blue egg and a pink egg. It's your turn, Mary.

M: A brown egg and a brown egg. I've got a pair, too! It's my turn again ...

Sprechen Sie konsequent Englisch. Auf diese Weise können Sie feststellen, wie schnell die Kinder Sätze wie *"It's your turn."* oder *"I've got a pair."* übernehmen.

Tipp: An warmen Frühlingstagen lässt sich das Memory hervorragend im Freien auf einer großen Decke spielen!

Bücher zu Ostern

- Eric Hill, Spot's first Easter, Putnam 1988, ISBN 0-399-22424-6. Spot ist ein kleiner Hund, über den es mehrere Geschichten gibt. In diesem Buch ist er mit dem Nilpferd Helen unterwegs und sucht Ostereier, die unter aufklappbaren Gegenständen versteckt sind.
- Stephanie St. Pierre, Bunny's Easter basket, Grosset & Dunlap 1994, ISBN 0-448-40461-3, Ein Pudgy pop-up Buch, bei dem durch das Aufschlagen der Seiten Tiere oder Gegenstände automatisch herausgeklappt werden. Sehr schön ist, dass sich der Text reimt und man sich so ganz einfach ein paar neue Wörter merken kann.

Summer

Im Sommer können Sie gemeinsam mit Ihren Kindern die Welt im Freien entdecken – natürlich auf Englisch! Machen Sie die Bewegungsreime draußen oder wagen Sie sich an einen kleinen Tanz, der auch eine beliebte Einlage für das Sommerfest ist. Ein ganz einfacher Tanz, zu dem die Kinder hauptsächlich die Körperteile auf Englisch kennen müssen, heißt Okey Cokey. Da der Vers mündlich überliefert wurde, ist man sich uneinig darüber, ob er nun Okey Cokey oder Hokey Pokey heißt. Lassen Sie sich also nicht verwirren, wenn Sie jemand bezüglich des Titels belehren möchte.

The Okey Cokey

Die Kinder fassen sich an der Hand und bilden einen großen Kreis. Alle bleiben fest an ihrem Platz stehen und lassen die Hände wieder los. Sprechen Sie die Sätze jeweils langsam vor und führen die Bewegungen dazu aus.

E: Let's form a circle. Join hands and stretch your arms. Wonderful, this is a perfect circle. Remember your place and stand here for a while. Look, this is my right arm.
I put my right arm in, into the circle. Do the same, please.
Put your right arm in…

You put your right arm in	rechte Hand zur Kreismitte strecken
you put your right arm out	rechte Hand über rechte Schulter nach hinten strecken
you put your right arm in	s.o.
and you shake it all about.	rechte Hand schütteln
You do the Okey Cokey	Fäuste bilden und mit abgewinkelten Armen vor dem Körper die Fäuste übereinander rollen
and you turn around.	um die eigene Achse drehen

Summer

That's what it's all about.	offene Hände nach oben halten, evtl. mit den Achseln zucken
Oh, Okey and the Cokey	Kinder fassen sich an den Händen und gehen gemeinsam in die Kreismitte hinein und wieder zurück
oh, Okey and the Cokey *oh, Okey and the Cokey*	
Knees bent	in die Knie gehen
arms stretched	Arme in die Kreismitte strecken
Ra, ra, ra	in der Hocke wippen und dabei rufen
You put your left arm in … *You put your right leg in …* *You put your left leg in …*	s.o.
You put your whole self in …	dazu nehmen sich alle Kinder an der Hand und springen gemeinsam in die Kreismitte

Tipps:
- Binden Sie den Kindern um das rechte Handgelenk einen Wollfaden, dann wissen sie, dass sie bei *right arm* die Hand mit dem Wollfaden in die Kreismitte halten müssen.
- Beim Sommerfest kann jedes Kind nach der ersten Runde losziehen, um sich ein tanzfreudiges Kind oder einen tanzfreudigen Elternteil an die Seite zu holen, so dass am Schluss alle gemeinsam tanzen.

Summer

Okey Cokey Song

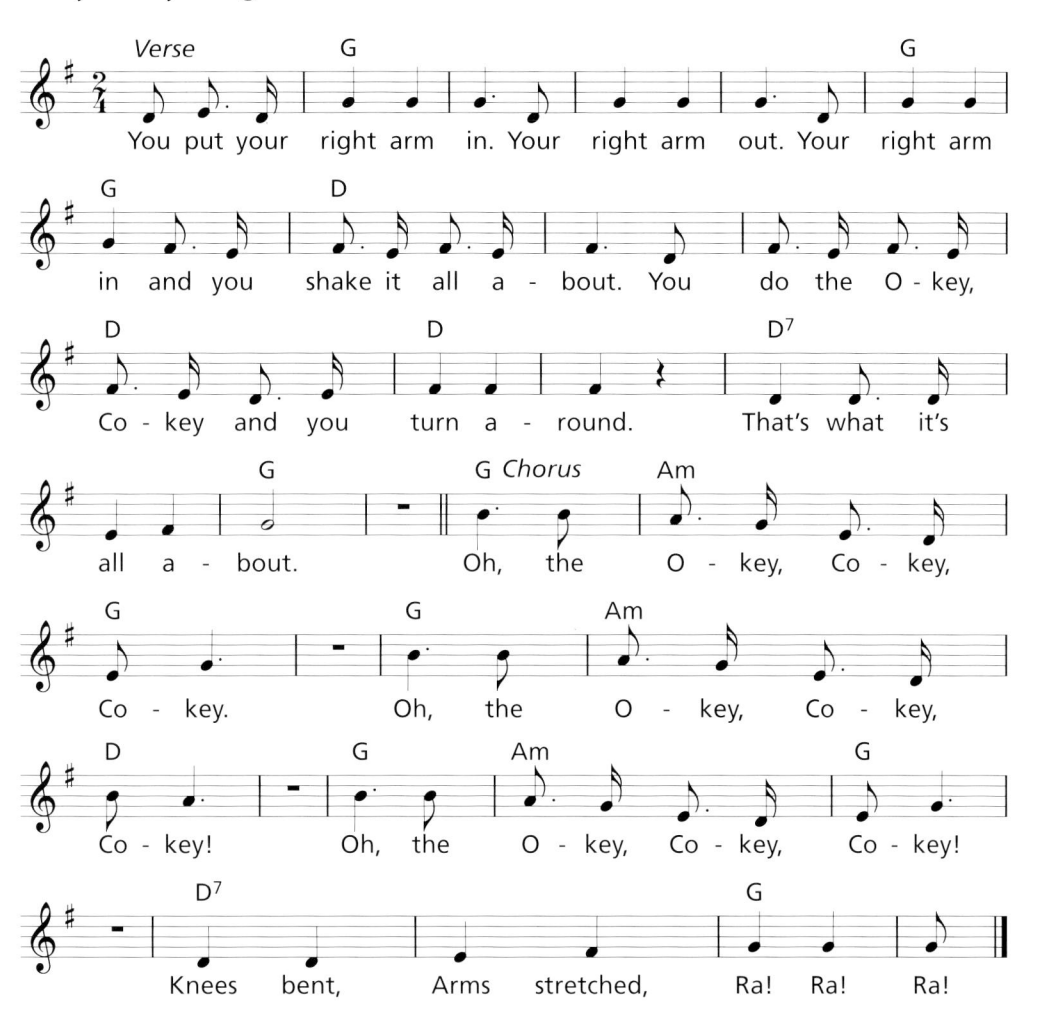

Verse

You put your right arm in. Your right arm out. Your right arm in and you shake it all a-bout. You do the O-key, Co-key and you turn a-round. That's what it's all a-bout.

Chorus

Oh, the O-key, Co-key, Co-key. Oh, the O-key, Co-key, Co-key! Oh, the O-key, Co-key, Co-key!

Knees bent, Arms stretched, Ra! Ra! Ra!

Summer

Hickory, Dickory, Dock

Zur Einführung dieses Bewegungsreimes benötigen Sie eine kleine Stoffmaus und eine Uhr. Die häufig in der Kindertagesstätte vorhandene, große runde Lernspieluhr aus Holz ist hervorragend geeignet.

E: Look here, this is a clock. It's a big clock. What colour is the clock?

K: Green and red.

E: Very good, Don. The clock is green and red. What's this? I can hear an animal.

Fiepsen Sie leise, wie eine Maus.

E: Is it a dog? No, it's a very tiny animal, it's grey. It's a ... mouse. Look, here it is!

(Beachten Sie bitte die unregelmäßige Pluralbildung von *mouse*: *one mouse – two mice*.)

E: Listen carefully! (Halten Sie dabei die Hand an Ihr Ohr.)

Sagen Sie nun den Reim vor und lassen Sie dabei die kleine Stoffmaus an der Uhr hinauf und hinabklettern. Beim zweiten Vortrag legen Sie die Gegenstände zur Seite und führen die Bewegungen nur mit den Händen aus, so dass alle Kinder mitmachen können. Nach und nach werden sie dann auch mitsprechen.

Hickory, dickory, dock,	rechter Zeige- und Mittelfinger klettern am
the mouse ran up the clock.	linken Arm hoch
the clock struck one,	1x am Ohrläppchen ziehen

the mouse ran down,	Finger klettern wieder herunter
hickory, dickory, dock.	
Hickory, dickory, dock,	siehe oben
the mouse ran up the clock.	
The clock struck two,	
the mouse said, "Boo!"	beide Hände zum Rufen an den Mund legen
Hickory, dickory, dock.	
Hickory, dickory, dock,	siehe oben
the mouse ran up the clock.	
The clock struck three,	entsprechend oft mit Klangstab klopfen
the mouse said, "Whee!"	
Hickory, dickory, dock.	
Hickory, dickory, dock,	siehe oben
the mouse ran up the clock.	
The clock struck four,	
the mouse said, "No more!"	ablehnende Gestik
Hickory, dickory, dock.	

Sommerspiele fürs Freie

Der Sommer bietet viele Gelegenheiten, dem Bewegungsdrang der Kinder nachzukommen, sich an der frischen Luft auszutoben und so ganz nebenbei, ohne es überhaupt zu merken, Englisch zu sprechen. Die Kinder lernen Spiele aus englischsprachigen Ländern kennen und können sie mit den bei uns bekannten Spielen vergleichen. Hier eine kleine Auswahl von Spielen, die Sie ohne große Vorbereitung durchführen können. Zum Aufwärmen noch ein kleines Bewegungslied vorweg:

Summer

Head, shoulders, knees and toes

Head, shoul - ders, knees and toes, knees and toes,

Head, shoul - ders, knees and toes, knees and toes.

Eyes and ears and mouth and nose.

Head, shoul - ders, knees and toes, knees and toes.

head
eyes
ear
nose
mouth
shoulder
knee
toes

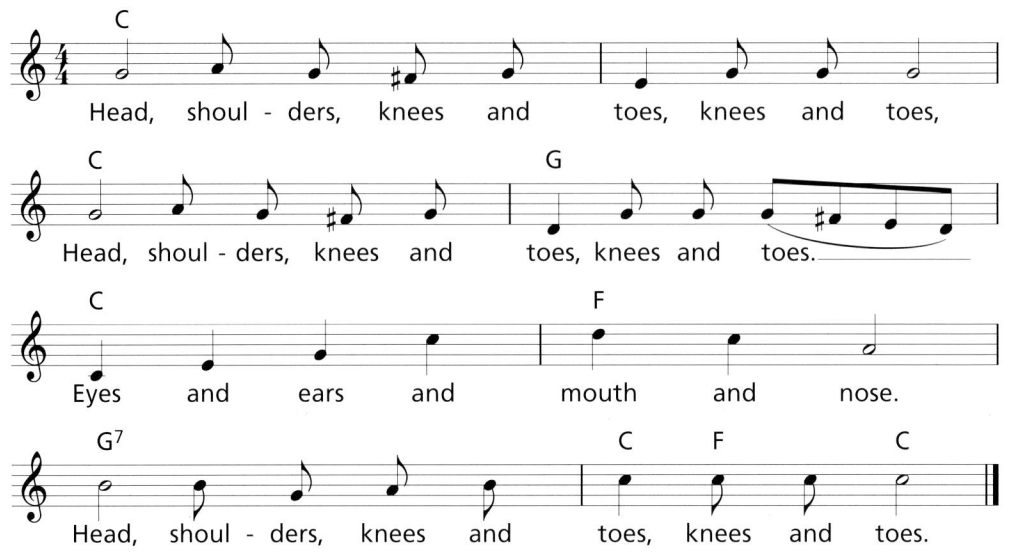

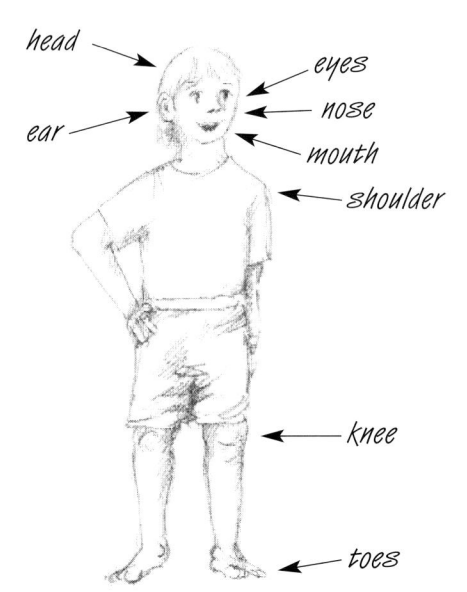

Duck Duck Goose

Die Kinder sitzen im Kreis auf der Wiese. Ein Kind geht außen herum und berührt ganz sanft die Köpfe der sitzenden Kinder und sagt dazu entweder *duck* oder *goose*. Bei *duck* passiert gar nichts und das Kind marschiert fleißig weiter, während die Spannung stetig steigt. Sobald jedoch das Wort *goose* zu hören ist, muss das Kind, das dabei berührt wurde, ganz schnell aufspringen und das um den Kreis außenherum fliehende Kind verfolgen. Ist dieses schnell genug, rutscht es an den leeren Platz des anderen Kindes. Nun muss dieses herumgehen und die Köpfe der Kinder ganz sanft berühren und alle warten wieder auf das Wort *goose*. Wird das Kind unterwegs abgeschlagen, muss es ein weiteres Mal außen herumspazieren und die Köpfe der Kinder berühren.

Tipp: Sie können die Kinder auch die Schultern berühren lassen, weil manche im Eifer des Gefechtes vergessen, dass sie „sanft" berühren sollten.

Wichtig bei der Einführung der Spiele ist, dass Sie von Anfang an konsequent Englisch sprechen und dabei so viel Körpersprache wie möglich einsetzen. Bei diesem Spiel sollten Sie zusätzlich Stofftiere oder zumindest Abbildungen der Tiere dabei haben, damit die Kinder auch wissen, was die Wörter *duck* und *goose* bedeuten.

E: Let's play a game. Sit in a circle, please. I'm going to walk around and touch your head. As long as I say "duck", you can stay where you are, but if I say "goose" you must stand up and try to chase me. If you can't catch me and I'm able to sit in your place before you get there, then you walk around, touch the children's heads softly and say duck or goose.

Summer

Hier eine Spielvariation, bei der die Kinder nicht nur ihre Reaktionsschnelligkeit steigern, sondern zugleich noch einen englischen Vers lernen. Zeitlich passt der Vers gut zum Valentinstag. (*Valentine's Day*).

Das Kind, das außen herum geht, bekommt einen Korb in die Hand, der möglichst grün und gelb sein sollte. Mit farbigen Bändern können Sie ganz einfach einen einfarbigen Korb schmücken. Alle Kinder singen gemeinsam, während eines mit dem Korb in der Hand umhergeht und ständig antäuscht, den Korb abzulegen:

A tisket, a tasket, a green and yellow basket. I wrote a letter to my love and on the way I dropped it, I dropped it.

Sobald das Kind den Korb hinter einem anderen Kind abgelegt hat, muss dieses mit dem Korb in der Hand versuchen, das weglaufende Kind abzuschlagen, bevor es an seinem Platz sitzt. Wenn es dies nicht schafft geht es mit dem Korb in der Hand außen um den Kreis herum während alle gemeinsam singen und gut aufpassen, wo der Korb dieses mal abgelegt wird. Dieses Spiel erinnert an unser Spiel „Der Fuchs geht rum".

Green Light – Red Light

Dieses Spiel dient sowohl der Förderung der Reaktionsfähigkeit, wie auch der Einübung des richtigen Verhaltens bei roter, bzw. grüner Verkehrsampel. Es eignet sich also hervorragend im Anschluss an einen gemeinsamen Ausflug, bei dem wieder einmal das richtige Verhalten im Straßenverkehr angesprochen wurde.

Die Kinder stellen sich nebeneinander in einer langen Reihe auf. In einem Abstand von ca. 20 m steht ein Kind vor der Reihe, das die Farbe der Ampel bestimmt. Die „Ampel" steht mit dem Rücken zu den anderen Kindern und ruft *green light*. Daraufhin bewegen sich die Kinder in Richtung der „Ampel". Plötzlich jedoch ruft sie *red light* und dreht sich dabei blitzschnell um, um den Straßensünder zu ertappen, der sich trotz roter Ampel noch bewegt. Wer ertappt wird, muss zurück zur Ausgangsposition und wieder von vorne beginnen. Sieger ist derjenige, der es schafft während der Grünphasen bis zur Ampel zu gelangen und diese abzuschlagen. Bei der nächsten Spielrunde ist dieses Kind die Ampel.

E: *Let's play a game. Do you remember the traffic light, with its red and green light? What are you supposed to do when you see the red light?*

K: *Stop!*

E: *That's right! You have to stop when you see the red light. Very good. And what are you supposed to do when you see the green light?*

K: *Go!*

E: *That's right, you can go when you see the green light. Paul, would you like to be the traffic light today?*

P: *Yes.*

E: *All right. So Paul stands here and we all walk back behind this line. Now, as long as Paul says green light, you are allowed to go, go, go. But remember to stop immediately as soon as he says red light. You're not allowed to move then. If Paul sees you moving anyway, you must go back behind the line and start again. So, listen carefully! The winner is the one who touches Paul first. Let's play!*

Summer

Spud

Für dieses Spiel benötigen Sie einen Softball. Es eignet sich hervorragend zum Sichern der englischen Zahlen.

Die Kinder fassen sich an der Hand und bilden einen Kreis. Nun wird durchgezählt, wobei sich jedes Kind seine Zahl merken sollte. Ein Kind bekommt den Ball, ruft eine Zahl eines anderen Kindes und wirft den Ball hoch in die Luft. Alle Kinder laufen so weit wie möglich davon, nur das aufgerufene Kind läuft dem Ball entgegen und versucht ihn zu fangen. Sobald es den Ball in Händen hält, ruft es laut „Spud". Sofort müssen alle Kinder stehen bleiben. Das Kind mit dem Softball darf nun zwei große Schritte in Richtung eines Kindes machen und dieses an den Beinen versuchen abzuwerfen. Trifft es, bekommt dieses Kind in der nächsten Runde den Ball. Wenn nicht behält es ihn und ruft die nächste Zahl, während die anderen wieder ausschwärmen.

E: *Let's form a circle. All right, we are going to count from one to eight. Remember your number. One. I'm number one.*
K: *Two. I'm number two.*
K: *Three. I'm number three.*
...
E: *Look at Paul, he has got something in his hands ...*
K: *A ball.*
E: *That's right, a ball. It's a softball, so don't worry. It can not hurt you. Paul is going to call out a number. Listen carefully if it is your number. If it is not your number you must run away and stop when you hear the word "Spud". If it is your number, you must catch the ball and say "Spud" immediately. Then you are allowed to take two giant steps towards somebody. One, two. Throw the ball at this person's legs. If the ball touches this person, he or she gets to throw the ball up into the air and calls out a number. If not, it's your turn again.*

Tipp: Die Erfahrung zeigt, dass sich manche Kinder ihre Zahl nicht merken können. Kleben Sie jedem Kind einen Haftzettel auf den Pulli, auf dem die entsprechende Zahl abgebildet ist, somit können Sie während des Spieles schnell den Namen des betroffenen Kindes rufen.

Red Rover

Dies ist ein etwas wilderes Spiel, bei dem sich die Kinder so richtig auspowern können. Die Kinder bilden zwei sich gegenüberstehende Reihen und nehmen sich bei der Hand. Je eine Reihe bildet ein Team. Ziel des Spieles ist es, die gegenüberliegende Linie zu durchbrechen und so ein neues Teammitglied zu gewinnen. Team A berät sich und ruft dann laut aus: "Red Rover, Red Rover send Betty right over". Betty versucht dann die gegenüberliegende Linie zu durchbrechen. Gelingt es ihr, darf sie ein beliebiges Kind mit zu sich ins Team bringen. Gelingt es ihr nicht, erfüllt sich der Wunsch und Betty wandert in das neue Team. Nun darf sich Team B ein Kind wünschen. Gelingt es ihr nicht, bleibt sie nun im Team A, das dann das nächste Kind aufruft.

E: This game is called "Red Rover". You are team A and you form a line right here. Join hands, please. Very good, team A is ready. You are team B. You stand opposite team A. Join hands please, too. All right. Team A, which boy or girl from team B would you like to have in your team. Susan or Don or Vicky or...

K: Steve!

E: All right, then you say "Red Rover, Red Rover, send Steve right over!" Steve then tries to break through your line. If he is able to break through, he can take anybody home to his team. If not, you get to keep him. Let's try it!

Summer

Bubble Gum

Hier ein Spiel bei dem am Schluss ein Kind übrig bleibt. Es funktioniert nach dem Prinzip von Auszählreimen. Es könnte dazu dienen, denjenigen zu ermitteln, der ein Spiel beginnen darf, wenn sich eine Gruppe nicht einigen kann.

Die Kinder bilden einen Kreis und strecken beide Fäuste zur Kreismitte. Ein Kind steht im Kreisinneren und geht im Uhrzeigersinn herum und berührt eine Faust nach der anderen, wobei alle Kinder rufen: *"Bubble gum, bubble gum in a dish. How many pieces do you wish?"* Das Kind auf dessen Faust bei *"wish"* gedeutet wird, darf sich eine Zahl wünschen, z.B. *eight*. Nun zählen alle von *one* bis *eight*, während das Kind in der Kreismitte, je eine Faust weiterrutscht. Die Faust, auf die bei *eight* gerade gedeutet wird, muss hinter den Rücken gesteckt werden. Nun wird wieder begonnen mit "Bubble gum, bubble gum ..." Sieger ist derjenige, dessen Faust am Schluss noch als einzige im Kreis ist.

E: *Boys and girls, form a circle, please. Stretch your arms and show me your two fists. Very good, now keep your fists in the circle. Please help me say this sentence "Bubble gum, bubble gum in a dish. How many pieces do you wish."*

E geht herum und zeigt von Faust zu Faust während alle gemeinsam den Satz sagen.

K/E: *Bubble gum, bubble gum in a dish. How many pieces do you wish?*

E: *Give me a number.*

K: *Four.*

E: *One, two, three, four. Put your fist behind your back. Bubble gum, bubble gum ...*

E: *Susan, you are the winner. You can choose our next game. Which game would you like to play next?*

Anhang

Liste englischer Vornamen

Wie bereits erwähnt, können Sie den Kindern englische Namen geben, um Ihren englischen Sprachfluss nicht zu unterbrechen und den Kindern das Gefühl zu geben, in eine englische Rolle zu schlüpfen. Da nicht alle Namen direkt übersetzbar sind, bietet sich an, den ersten Buchstaben des deutschen Vornamens zu verwenden, um einen englischen zu finden, der mit eben diesem Buchstaben beginnt. z.B. **D**agmar – **D**aisy.

Diese Liste ist alphabetisch geordnet, zuerst die Vornamen der Mädchen, dann die der Jungen:

	Girls' names:	Boys' names:
A	Abbey /ˈæbiː/	Alan /ˈælən/
	Abigail /ˈæbɪgeɪl/	Andy /ˈændiː/
	Amy /ˈeɪmiː/	Anselm /ˈænsɛlm/
	Ann /ˈæn/	Austin /ˈɒstɪn/
B	Becky /ˈbɛkiː/	Ben /bɛn/
	Betsy /ˈbɛtsiː/	Bill /bɪl/
	Bonnie /ˈbɒniː/	Bob /bɒbː/
	Brenda /ˈbrɛndə/	Brian /ˈbraɪən/
C	Carol /ˈkærəl/	Calvin /ˈkælvɪn/
	Cindy /ˈsɪndiː/	Cedric /ˈsɛdrɪk, ˈsiːdrɪk/
	Cheryl /ˈtʃɛrəl/	Charles /ˈtʃɑːlz/
	Clare /ˈklɛə/	Chris /krɪs/

Anhang

	Girls' names:	Boys' names:
D	Daisy /ˈdeɪzi:/ Debbie /ˈdɛbi:/ Diana /daɪˈænə/ Dolly /ˈdɑli:/	Dennis /ˈdɛnɪs/ Don /dɒn/ Dustin /ˈdʌstɪn/ Dylan /dɪlən/
E	Elaine /ɪˈlɪn:/ Elsie /ˈɛlsi:/ Ena /ˈi:nə/ Eve /ˈi:v/	Ed /ɛd/ Edward /ˈɛdwəd/ Ellis /ˈɛlɪs/ Elvis /ˈɛlvɪs/
F	Fanny /ˈfæni:/ Fern /fɜ:n/ Fiona /ˈfi:ˈəʊnə/ Florrie /ˈflɒri:/	Francis /ˈfrɑ:nsɪs/ Franklin /ˈfræŋklɪn/ Fergus /ˈfɜ:gəs/ Fred /frɛd/
G	Gail /geɪl/ Gina /ˈdʒi:nə/ Goldie /ˈgəʊldi:/ Grace /greɪs/	Gary /ˈgæri:/ Geoff /dʒɛf/ George /dʒɔ:dʒ/ Glyn /glɪn/
H	Harriet /ˈhærɪət/ Heather /ˈhɛðə/ Helen /ˈhɛlɪn/ Hilary /ˈhɪləri:/	Harry /ˈhæri:/ Henry /ˈhɛnri:/ Herb /hɜ:b/ Howard /ˈhaʊəd/
I	Ilona /ɪˈləʊnə/ Ione /aɪˈəʊni:/ Iris /ˈaɪrɪs/ Ivy /ˈaɪvi:/	Ike /aɪk/ Ingram /ˈɪŋgrəm/ Irwin /ˈɜ:wɪn/ Ivan /ˈaɪvən/

Anhang

Girls' names:	Boys' names:

J
Jade /dʒeɪd/
Jane /dʒeɪn/
Janis /ˈdʒænɪs/
Jenny /ˈdʒɛni:/

Jake /dʒeɪk/
Jan /m. dʒæn/
Jason /ˈdʒeɪsən/
Jeff /dʒɛf/

K
Kate /keɪt/
Kitty /ˈkɪti:/
Krystle /ˈkrɪstəl/
Kylie /ˈkaɪli:/

Keith /ki:θ/
Kevin /ˈkɛvɪn/
Kim /kɪm/
Kirk /kɜ:k/

L
Lally /ˈlæli:/
Laurel /ˈlɒrəl/
Lily /ˈlɪli:/
Liz /lɪz/

Larry /ˈlæri:/
Levi /ˈli:vaɪ/
Lewis /ˈlu:ɪs/
Lincoln /ˈlɪŋkən/

M
Maggie /ˈmægi:/
Mandy /ˈmændi:/
Mary /ˈmeəri:/
Meg /mɛg/

Matt /mæt/
Melvin /ˈmɛlvɪn/
Mitchell /ˈmɪtʃəl/
Monty /ˈmɒnti:/

N
Nancy /ˈnænsi:/
Nell /nɛl/
Nellie /ˈnɛli:/
Nora /ˈnɔ:rə/

Ned /nɛd/
Nick /nɪk/
Norris /ˈnɒrɪs/
Nye /naɪ/

O
Octavia /ɒkˈteɪvɪə/
Olivia /əˈlɪvɪə/
Opal /ˈəʊpəl/
Orla /Irish ˈɔ:rlə/

Osmond /ˈɒzmənd/
Otis /ˈəʊtɪs/
Owen /ˈəʊɪn/
Oz /ɒz/

Anhang

	Girls' names:	Boys' names:
P	Pamela /ˈpæmələ/ Pat /pæt/ Peggy /ˈpɛgiː/ Penny /ˈpɛniː/	Paddy /ˈpædiː/ Perry /ˈpɛriː/ Pete /ˈpiːt/ Phil /fɪl/
Q	Queenie /ˈkwiːniː/	Quincy /ˈkwɪnsiː/
R	Rachel /ˈreɪtʃəl/ Rebecca /rɪˈbɛkə/ Rhona /ˈrəʊnə/ Romy /ˈrəʊmiː/	Rick /rɪk/ Robin /ˈrɒbɪn/ Rod /rɒd/ Ron /rɒn/
S	Sally /ˈsæliː/ Sandy /ˈsændiː/ Sue /suː/ Susan /ˈsuːzən/	Sam /sæm/ Scott /skɒt/ Sean /ʃɔːn, Irish ʃɑːn/ Shaw /ʃɔː/
T	Terri /ˈtɛriː/ Tessa /ˈtɛsə/ Tiffany /ˈtɪfənɪ/ Tracy /ˈtreɪsiː/	Ted /tɛd/ Tim /tɪm/ Toby /ˈtəʊbiː/ Tom /tɒm/
U	Una /ˈjuːnə/ Ursula /ˈɜːsjʊlə/	Uriah /juːˈraɪə/ Urban /ˈɜːbən/ Ulric /ˈʊlrɪk/
V	Valda /ˈvældə/ Valentine /ˈvæləntaɪn/ Valerie /ˈvæləriː/ Vicky /ˈvɪkiː/	Vernon /ˈvɜːnən/ Victor /ˈvɪktə/ Vincent /ˈvɪnsənt/ Virgil /ˈvɜːdʒəl/

	Girls' names:	Boys' names:
W	Wanda /ˈwɒndə/ Wendy /ˈwɛndi:/ Wilma /ˈwɪlmə/ Wynne /wɪn/	Wallace /ˈwɒləs/ Washington /ˈwɒʃɪŋtən/ Wat /wɒt/ William /ˈwɪljəm/
X	Xenia /ˈzi:njə/	Xavier /ˈzævɪə/
Y	Yolanda /jəʊˈlændə/	Yorick /ˈjɒrɪk/
Z	Zara /ˈzɒ:rə/ Zelda /ˈzɛldə/	Zachary /ˈzækəri:/ Zillah /ˈzɪlə/

Einladungsschreiben zum Elterninformationsabend

The early bird catches the worm

Nutzen Sie die einmalige Gelegenheit für Ihr Kind, spielerisch und ganz nebenbei der englischen Sprache und Kultur zu begegnen. Nun kommt auch bei uns im Kindergarten jeden _____ zwischen _____ und _____ Uhr Frau/Herr _____ zu uns und singt, bastelt, spielt, liest und erzählt den Kindern auf Englisch. Sie werden überrascht sein, wie schnell Ihr Kind ohne Scheu nachspricht und schon bald beim Sonntagsspaziergang englische Kinderlieder anstimmt. In der Schule lernt man Grammatikstrukturen genauer kennen, aber einfach ungehemmt zu sprechen, haben Sie das in der Schule gelernt? Genau das soll nun im Kindergarten geschehen, die Kinder sollen in der Lage sein, Alltagssituationen sprachlich zu bewältigen. Sie werden die Erfahrung machen, dass es nicht wichtig ist, jedes einzelne Wort genau zu verstehen, sondern dass es genügt, den Kontext zu erschließen. Sind Sie neugierig geworden? Dann kommen Sie doch zu unserem Elterninformationsabend und lernen Sie Frau/Herrn _____ gleich persönlich kennen. Bei einer guten Tasse englischen Tees haben Sie im Anschluss noch Zeit in englischen Kinderbüchern zu schmökern, Spiele auszuprobieren und Videos und Kassetten zu testen.
Füllen Sie bitte den Abschnitt aus und geben Sie ihn Ihrem Kind gleich morgen mit.

Wir freuen uns sehr auf Ihr Kommen!

Mit freundlichen Grüßen,

Elternabend Englisch

Familienname: _____

Name des interessierten Kindes: _____

Alter des interessierten Kindes: _____

☐ Ich/Wir komme/n gerne zum Elterninformationsabend Englisch.
☐ Ich/Wir habe/n kein Interesse an Fremdsprachenfrühförderung.
☐ Ich/Wir habe/n großes Interesse, jedoch leider keine Zeit zu kommen. Halten Sie mich/uns bitte auf dem Laufenden.

_____   _____
(Datum)   (Unterschrift)

Foto der Fachlehrkraft

Anmeldeformular

Frühförderung Englisch für Kindergartenkinder

(Kurzlebenslauf):

_____

_____

_____

Wir leben in einer Welt voller Anglizismen, jeden Tag wird uns wieder bewusst, was wir in der Schule versäumt haben. Man müsste einfach so drauflosreden können, die englische Sprache ganz angstfrei und selbstverständlich verwenden können. Ermöglichen Sie genau das Ihrem Kind, dadurch dass Sie es an einer erlebnisorientierten Frühförderung teilnehmen lassen.

Mit Hilfe authentischer Materialien (songs, fairy tales, rhymes, poems, games ...) lernt Ihr Schützling ganz nebenbei und wie im Flug Englisch. Ungehemmt und angstfrei tritt das Vorschulkind der Fremdsprache gegenüber und lernt ohne Wörterlisten, sondern mit Anschauungsmaterial, Mimik, Gestik und einem weitgehend einsprachigen Vorgehen das genaue Zuhören und Imitieren.

Thema: The early bird catches the worm

Zielgruppe: Kindergartenkinder, begrenzte Teilnehmerzahl

Ort: hier im Kindergarten

Zeit: ab _____, jeden _____ von _____ Uhr bis _____ Uhr

Kosten: _____ DM für _____ Veranstaltungen

Materialkosten: _____ DM

-----------------------✂-----------------------

Name des Kindes: _____   Familienname: _____

Geburtsdatum: _____   Telefon: _____

Straße: _____

Ort: _____

Hiermit melde ich mein Kind verpflichtend für die fremdsprachliche Frühförderung Englisch an.

_____

(Datum)   (Unterschrift des/der Erziehungsberechtigten)

Anhang

Durchs Jahr: ein Grundwortschatz

Der Kindergartenalltag ist stark von den Jahreszeiten geprägt. Das gilt es auch in der Fremdsprachenbegegnung zu berücksichtigen. Nutzen Sie die Themengebiete, die für die Kinder ohnedies gerade vorherrschend sind, ihr Interesse treffen und vor allem Vertrautes aufgreifen. Diese Material- und Methodensammlung beginnt mit dem Herbst, also mit dem Start des neuen Kindergartenjahres. Für den Spracheinstieg eignen sich diese Themen besonders, da sie die Lebenswelt der Kinder widerspiegeln:

Tiere

dog	Hund
cat	Katze
hamster	Hamster
guinea-pig	Meerschweinchen
turtle	Schildkröte
goldfish	Goldfisch (Achtung! one fish, two fish_)
pigeon	Taube
spider	Spinne
horse	Pferd
cow	Kuh
pig	Schwein
goat	Ziege
rabbit	Hase

Pflanzen

tree	Baum
flower	Blume
grass	Gras

bush	Strauch
rose	Rose
sunflower	Sonnenblume
tulip	Tulpe
daisy	Gänseblümchen
dandelion	Löwenzahn
leaf/ two leaves	Blatt/ zwei Blätter
branch	Zweig
twig	ganz dünner Zweig
trunk	Stamm

Speisen und Getränke

(AE) (BE)	
gummibear / jelly bear	Gummibärchen
cooky / biscuit	Keks
cake	Kuchen
french fries / chips	Pommes
meat	Fleisch
potatoe	Kartoffel
noodle	Nudel
pizza	Pizza
soup	Suppe
ice-cream	Eis
apple	Apfel
pear	Birne
banana	Banane
peach	Pfirsich
cherry	Kirsche
grapes	Weintrauben

Anhang

juice	Saft
tea	Tee
chocolate	Schokolade
milk	Milch
lemonade	Limonade
sparkling water	Mineralwasser

Spielsachen

car	Auto
train	Zug
bus	Bus
bike	Fahrrad
doll	Puppe
puppet	Handpuppe
toy	Spielzeug

Farben

blue	blau
red	rot
green	grün
yellow	gelb
brown	braun
black	schwarz
white	weiß
purple	lila
lilac	fliederfarben
pink	rosa
orange	orange

Anhang

Erprobte Englischmaterialien

1. Lieder, Tänze, Reime ... auf Tonträger

- Englische Lieder und Spiele. Für Kinder von 4-11 Jahren, Buch und CD, Veritas Verlag
- Playway to English: CD für 1. und 2. Klasse, Klett
- Fun and Action New : CD für 3. und 4. Klasse, Klett
- Sing a Rainbow: Kassette für den Frühbeginn Englisch, Klett
- Singlish: Englisch durch Kinderlieder, Klett
- Around the Year: Kassette für den Frühbeginn, Klett
- Happy Christmas: Weihnachtslieder, Klett
- Kooky 1 und Kooky 2 : Kassette bzw. CD für 3. und 4. Klasse, Cornelsen
- Tumble Tots: Action Songs
- Wee sing: Children's Songs And Fingerplays, Price Stern Sloan

2. Kopiervorlagen/Arbeitshefte

- Klett Verlag: Playway to English (großer Pluspunkt: keinerlei Schrift!)
- Klett Verlag: Fun and Action New 3,4
- Klett Verlag: Here we go 1,2

Quellen

S. 28: Hello, good morning, Text und Musik: Lorenz Maierhofer,
  © Edition Helbling, Innsbruck

S. 29: What's your name, Text: Günter Gerngross, Angela Horak, Herbert Puchta, Gudrun Zebisch, Musik: Lorenz Maierhofer, aus: Playway to English,
  © Edition Helbling, Innsbruck

S. 36: Rain, rain, go away, Text und Musik: Pamela Conn Beall und Susan Hagen Nipp,
  © Price Stern Sloan, Los Angeles

S. 39f: The witch's House, © Harlynne Geisler, San Diego

Anhang

Thank you

Mein ganzer Dank gilt meiner lieben Familie, die es mir ermöglicht "meinen englischen Traum" zu verwirklichen. Es ist schön einen Mann zu haben, der die Interessen und Aufgabengebiete seiner Frau teilt und respektiert und alles dafür tut, dass sie Beruf und Familie vereinbaren kann. Ganz besonders möchte ich meiner Mutter danken, die mir meinen Berufswunsch ermöglicht hat und sich immer ganz ganz liebevoll um unsere kleine Julia Katharina kümmert.

Viele Menschen haben die Entstehung dieses Buches unterstützt, sie alle persönlich zu nennen würde zu weit führen. Jedoch hoffe ich, dass sie sich alle hier erwähnt fühlen.